Käthe Kollwitz

BEKENNTNISSE

1987

Verlag Philipp Reclam jun. Leipzig

Ausgewählt und mit einem Nachwort von Volker Frank
Mit 63 Abbildungen

ISBN 3-379-00129-5

Reclams Universal-Bibliothek Band 808
3. Auflage
Umschlaggestaltung: Friederike Pondelik unter Verwendung eines Porträtfotos von Hugo Erfurth. Die Rechte an dem Foto gehören den Staatlichen Kunstsammlungen Dresden, Kupferstichkabinett
Lizenz Nr. 363. 340/113/87 · LSV 8107 · Vbg. 10,0
Printed in the German Democratic Republic
Grafischer Großbetrieb Völkerfreundschaft Dresden
Gesetzt aus Garamond-Antiqua
Bestellnummer: 660 898 6
00300

KOLLWITZ · BEKENNTNISSE

Universal Bibliothek

KUNSTWISSENSCHAFTEN

Zu dieser Ausgabe

Diese Ausgabe umfaßt Tagebucheintragungen, Briefe, selbständige Veröffentlichungen und einige Aufrufe, die Käthe Kollwitz unterzeichnete. Sie baut auf mehreren Publikationen auf. Da nur einige Texte nach dem Original herausgegeben werden konnten, wurde dem jeweiligen Editionsprinzip der benutzten Quelle entsprochen. Auslassungen von Originaltext in den benutzten Quellen sind einheitlich durch (...) gekennzeichnet, Auslassungen des Herausgebers durch [...] verdeutlicht. Die Benennung bzw. Kennzeichnung der Texte in eckigen Klammern stammen vom Herausgeber. Texte ohne Kennzeichnung sind Tagebucheintragungen.
Die Schreibung der Daten auf Briefen und die Angabe des Absenders geschah in den Briefen der Kollwitz auf sehr unterschiedliche Weise. Da die benutzten Quellen nicht immer dem Original folgen, sind alle Briefdaten, sofern ein volles Datum ersichtlich war, zu einer Datierung ohne Ortsangabe vereinheitlicht. Eine Datenangabe in [ ] ist Datierung des Herausgebers, sie erfolgt, wenn die Text- oder Briefstelle selbst kein Datum trägt oder in der Quelle kein genaues Datum ersichtlich war.
Als Abkürzungen sind nach den gebräuchlichsten Werkverzeichnissen zur Bestimmung des bildnerischen Werkes benutzt:

Kl = Klipstein, August: Käthe Kollwitz
Verzeichnis des graphischen Werkes
Für die Jahre 1890—1912 unter Verwendung des 1913 erschienenen Œuvrekataloges von Prof. Dr. Johannes Sievers, Bern 1955

NT = Käthe Kollwitz
Die Handzeichnungen
Herausgegeben von Otto Nagel unter Mitarbeit von Sibylle Schallenberg-Nagel, Beratung Hans Kollwitz, wissenschaftliche Bearbeitung Werner Timm, Berlin 1972

[Aus „Erinnerungen"]

[1923][1]

In den Entwicklungsjahren nährt sich das Talent von dem, was von allen Seiten zuströmt. Fast jeder Mensch ist in dieser Zeit begabt, weil empfänglich. Die Eltern verfolgten die Methode, uns Gelegenheit zur Weiterentwicklung zu geben, ohne uns mit der Nase darauf zu stoßen. Zum Beispiel stand der Bücherschrank uns Kindern offen, und es wurde nicht nachgeforscht, was wir uns daraus holten. Es waren auch alles gute Bücher. Ich las Schiller in einer großen, schönen Ausgabe mit Stichen von Kaulbach, und ich las Goethe. Goethe hat sehr früh bei mir Wurzel gefaßt. Ich habe ihn mein ganzes Leben lang nicht mehr gelassen.

Auch las Vater uns mitunter vor. Einmal las er — ob das jetzt oder doch erst später war, weiß ich nicht — „Die Toten an die Lebenden" von Freiligrath.[2] Dies Gedicht machte einen unverwischbaren Eindruck auf mich. Barrikadenkämpfe — Vater und Konrad dabei beteiligt, ich ihnen die Flinten ladend, das waren heroische Phantasien.

[Aus „Rückblick auf frühere Zeit"]

[1941]

In meinem siebzehnten Jahr hatte ich mich durch Verlöbnis an den noch im Medizinstudium befindlichen Karl Kollwitz gebunden. Mein Vater, der seine Pläne mit mir dadurch gefährdet sah, beschloß, mich noch einmal fortzugeben, und zwar diesmal statt nach Berlin nach München, im Jahre 1889. In München wohnte ich in der Georgenstraße, nahe der Akademie, und besuchte die Künstlerinnenschule. Wieder hatte ich großes Glück mit dem Lehrer Ludwig Herterich. Er wies mich zwar nicht so konsequent auf die Zeichnung hin, sondern nahm mich in eine Malklasse auf. Das Leben, das mich dort umgab, war anregend und beglückend. Unter den Schülerinnen gab es hochbegabte. In erster Reihe unter den Kolleginnen standen Linda Kögel, Eugenie Sommer, Marianne Geselschap. Später trat dazu die unter dem Künstlernamen bekannte ausgezeichnete Slavona. Sie heiratete in Paris den Baseler Kunsthändler Otto Ackermann. Erwähnen muß ich noch Emma Jeep. Als Malerin leistete sie nicht so Erhebliches. Später jedoch, als

Frau von Arthur Bonus, kam ihre eigentliche Begabung zur Schriftstellerei voll heraus. Gemeinsam mit Bonus bearbeitete sie die Islandsagen. Eine enge Freundschaft verband unsere beiden Familien durch lange Jahre [...].

Der freie Ton der „Malweiber" entzückte mich. Zwar kam mir Herterichs Unterricht zu Anfang manieriert vor, seine ausgesprochene koloristische Kunst fand ich nicht meinem Gefühl oder meiner Art, Farben zu sehen, entsprechend. Ich gebrauchte einen Trick, um unter die Geachteteren der Klasse zu kommen: ich malte so, wie ich wußte, daß er wünschte, daß ich malen sollte. Erst später erschloß sich mir ein richtiges Verständnis für seinen Kolorismus. In München habe ich viel gelernt. Der Tag war besetzt mit Arbeit, abends genoß man, ging auf Bierkeller, machte Ausflüge in die Umgebung und fühlte sich frei, weil man seinen eigenen Hausschlüssel hatte. Es gab eine Vereinigung, die einige Mädchen unserer Klasse zusammenführte mit Otto Greiner, Alexander Oppler, Gottlieb Elster. Für diese Abende wurde ein Thema gestellt. So besinne ich mich auf das Thema „Kampf". Ich wählte die Szene aus Germinal, wo in dem verrauchten Lokal um die junge Kathrin von zwei Männern gekämpft wird. Diese Komposition wurde anerkannt. Zum erstenmal fühlte ich mich bestätigt auf meinem Wege, große Perspektiven öffneten sich meiner Phantasie, und die Nacht war schlaflos vor Glückserwartung. In der Malklasse kam ich aber nicht vorwärts. Kolleginnen: Sommer, Slavona, Geselschap waren viel begabter für die Farbe als ich. Ich kam mit der Farbe nicht weiter. Ich las zufällig von Max Klinger die Broschüre „Malerei und Zeichnung". Da merkte ich: Ich bin gar keine Malerin. Aber Herterich konnte die Augen ausgezeichnet schulen, ich habe in München wirklich sehen gelernt.

Das freie, mir sehr wohl gefallende Leben in München weckte Zweifel in mir, ob ich wohlgetan hätte, mich so frühzeitig durch Verlöbnis zu binden. Die freie Künstlerschaft lockte sehr. Als dann im nächsten Jahre von neuem die Frage auftauchte, ob ich wieder nach München gehen sollte und mein Vater es mir freistellte, tat ich es gern. Es schien mir ein gutes Omen, daß ich in München gleich zuerst Herterich auf der Straße traf. Daß ich wieder in seine Schule eintrat, war selbstverständlich.

Vater hatte nur noch dieses Semester mir zugesagt, und obwohl die Möglichkeit bestanden hatte, daß ich damals statt nach München nach Berlin ging, hatte ich München gewählt. Dieser Aufenthalt wurde nicht so fruchtbringend, wie ich es angenommen hatte. Später habe ich es oft bedauert, nicht statt dessen nach Berlin gegangen zu sein. In Berlin war unterdes vielerlei vorgegangen. Hauptmann hatte „Vor Sonnenaufgang" aufführen lassen, die junge in- und außerdeutsche Literatur entwikkelte sich jählings. Ein sehr anregender Kreis von bildenden Künstlern und Literaten lebte dort. Auch mein Verlobter war bereits nach Berlin übergesiedelt, um dort sein halbes Jahr als Arzt abzudienen. Mein Bruder Konrad arbeitete auf der Redaktion des „Vorwärts". Das Leben hatte dort, verglichen mit München, etwas Brausendes. Vielleicht wäre ich untergegangen in jenem Lebensstrudel, vielleicht hätte er fruchtbar auf mich gewirkt. Jedenfalls im Jahr darauf, 1890, war ich wieder in Königsberg. Dieses Mal, dank der verkauften Genrebilder,[3] mietete ich mir ein kleines Atelier. Mein Übergang von der Malerei zur Graphik war noch nicht erfolgt, ich wollte im Gegenteil malen, und zwar wollte ich die Szene aus Germinal auf die Leinwand bringen. Zu diesem Zweck brauchte ich Studien. Königsberg hatte damals in den alten Pregelgegenden eine Reihe von Matrosenkneipen, welche am Abend zu besuchen mit Lebensgefahr verbunden war. Es war mir nicht möglich, anders als an Vormittagen dort Studien zu machen. Am interessantesten war mir das „Schiffchen", ein Lokal mit doppelten Ausgängen. Wüster Lärm war drin zu hören, Messerstechereien waren an der Tagesordnung. Mein Vater beobachtete meine Arbeit nicht mehr mit so fraglosem Glauben an mein Vorwärtskommen. Er hatte viel rascher einen Abschluß meiner Studienzeit erwartet, Ausstellungen und Erfolge. Außerdem war er, wie gesagt, sehr skeptisch gegen die Tatsache eingestellt, daß ich zwei Berufe vereinigen wollte, den künstlerischen und das bürgerliche Leben in der Ehe. Mein Verlobter hatte dadurch, daß er in Berlin die Krankenkasse der Schneider bekam, die Möglichkeit der Existenz, und so beschlossen wir, den Sprung zu wagen. Mein Vater sagte mir kurz vor der Eheschließung: „Du hast nun gewählt. Beides wirst du schwerlich vereinigen können. So sei das, was du gewählt hast, ganz!"

Im Frühjahr 1891 bezogen wir im Norden Berlins die Wohnung, die wir durch fünfzig Jahre beibehalten sollten. Mein Mann war in der Hauptsache Kassenarzt und war sehr bald

belastet mit sehr viel Arbeit. Ich bekam im Jahre 1892 mein erstes Kind, im Jahre 1896 mein zweites Kind Peter. Das stille arbeitsame Leben, das wir nun führten, war meiner Fortentwicklung sicher sehr gut. Mein Mann tat alles, um mich zu der Arbeit kommen zu lassen. Hier und da unternommene Versuche, an Ausstellungen anzukommen, mißglückten. Doch knüpfte sich an eine dieser Ausstellungen eine Schau der Zurückgewiesenen, wozu auch ich gehörte. Die Presse beachtete diesen Versuch wie überhaupt in jener Zeit schon die Anfänge der später so sehr interessanten Indépendants nach Pariser Muster. Hermann Sandkuhl hat späterhin diese Ausstellungen, die viel Ungeheuerlichkeiten enthielten, aber immer interessanter waren als die großen Ausstellungen am Lehrter Bahnhof, auch im Publikum zu Ansehen gebracht.
Ein großes Ereignis fiel in diese Zeit: die Uraufführung der Hauptmannschen „Weber" in der „Freien Bühne". Es war eine Vormittagsaufführung. Wer mir eine Karte verschafft hatte, weiß ich nicht mehr. Mein Mann war durch Arbeit abgehalten, aber ich war dort, brennend vor Vorfreude und Interesse. Der Eindruck war gewaltig. Die besten Schauspieler wirkten mit, Else Lehmann spielte die junge Weberfrau des letzten Aktes. Am Abend war ein festliches Zusammensein im großen Kreise, wo Hauptmann als Führer der Jungen auf den Schild gehoben wurde. Diese Aufführung bedeutete einen Markstein in meiner Arbeit. Die begonnene Folge zu Germinal ließ ich liegen und machte mich an die Weber. Mein technisches Können war im Radieren noch so gering, daß die ersten Versuche mißglückten. Auf diese Weise kam es so, daß die drei ersten Weber-Blätter lithographiert wurden und erst die drei letzten Radierungen „Zug der Weber", „Vor dem Fabrikantenhaus" und „Ende"[4] auch technisch genügten. Das Arbeiten an dieser Folge war mühsam und langsam. Allmählich kam sie zustande, und ich hatte den Wunsch, die Folge meinem Vater zu widmen. Ich wollte voraussetzen das Gedicht „Weber" von Heine. Unterdessen erkrankte mein Vater schwer, und den vollen Erfolg, der sich bei den Ausstellungen dieser Arbeit zeigte, hat er nicht mehr erlebt. Dagegen habe ich noch zu seinem 70. Geburtstag in unserem Bauernhäuschen in Rauschen bei Königsberg ihm die fertiggestellten Weber auf den Geburtstagstisch gelegt. Er freute sich unsagbar darüber. Ich besinne mich, wie er um das Haus lief und immer nach

der Mutter rief, sie möchte doch kommen zu sehen, was die Katuschchen gemacht hat. Im Frühling des nächsten Jahres starb er. Ich war so enttäuscht, ihm die Freude des öffentlichen Ausstellens dieses Werkes nicht mehr machen zu können, daß ich überhaupt das Ausstellen aufgab. Eine gute Freundin von mir, Anna Plehn, sagte: „So lassen Sie mich das alles arrangieren“, meldete die Folge für mich an, schickte sie der Jury ein, und einige Wochen darauf war sie in der Ausstellung am Lehrter Bahnhof zu sehen. Später erst hörte ich, daß der Vorstand, dem auch Menzel angehörte, für die Weber die kleine goldene Medaille beantragt hatte. Der Kaiser lehnte sie ab. Aber von da an zählte ich mit einem Schlag in die vordere Reihe der Künstler. Max Lehrs aus Dresden, der Direktor des dortigen Kupferstich- und Zeichnungskabinetts, kaufte sie an, setzte dort die kleine goldene Medaille durch, und bis jetzt sind die Weber wohl das Bekannteste meiner Gesamtarbeit geblieben. Überraschend überkam mich dieser große Erfolg, aber nicht mehr gefährdend. — In jenen Jahren bildete sich die Sezession. Ich wurde aufgefordert, Mitglied zu werden, und blieb es, bis sie auseinanderfiel. Ich möchte hierbei einiges sagen über die Abstempelung zur „sozialen“ Künstlerin, die mich von da an begleitete. Ganz gewiß ist meine Arbeit schon damals durch die Einstellung meines Vaters, meines Bruders, durch die ganze Literatur jener Zeit auf den Sozialismus hingewiesen. Das eigentliche Motiv aber, warum ich von jetzt an zur Darstellung fast nur das Arbeiterleben wählte, war, weil die aus dieser Sphäre gewählten Motive mir einfach und bedingungslos das gaben, was ich als schön empfand. Schön war für mich der Königsberger Lastträger, schön waren die polnischen Jimkies auf ihren Witinen, schön war die Großzügigkeit der Bewegungen im Volke. Ohne jeden Reiz waren mir Menschen aus dem bürgerlichen Leben. Das ganze bürgerliche Leben erschien mir pedantisch. Dagegen einen großen Wurf hatte das Proletariat. Erst viel später, als ich, besonders durch meinen Mann, die Schwere und Tragik der proletarischen Lebenstiefe kennenlernte, als ich Frauen kennenlernte, die beistandsuchend zu meinem Mann und nebenbei auch zu mir kamen, erfaßte mich mit ganzer Stärke das Schicksal des Proletariats und aller seiner Nebenerscheinungen. Ungelöste Probleme wie Prostitution, Arbeitslosigkeit, quälten und beunruhigten mich und wirkten mit als Ursache dieser meiner

Gebundenheit an die Darstellung des niederen Volkes, und ihre immer wiederholte Darstellung öffnete mir ein Ventil oder eine Möglichkeit, das Leben zu ertragen. Auch mag eine große Temperamentsähnlichkeit, die mich mit meinem Vater verband, diese Hineignung verstärkt haben. Mitunter sagten meine Eltern selbst zu mir: „Es gibt doch auch Erfreuliches im Leben. Warum zeigst du nur die düstere Seite?" Darauf konnte ich nichts antworten. Es reizte mich eben nicht. Nur dies will ich noch einmal betonen, daß anfänglich in sehr geringem Maße Mitleid, Mitempfinden mich zur Darstellung des proletarischen Lebens zog, sondern daß ich es einfach als schön empfand. Wie Zola oder jemand einmal sagte: „Le beau c'est le laid."

24. September 1909[5]

Dürersche Handzeichnungen im Kupferstichkabinett besehn. Bis auf ganz wenige Sachen bin ich gar nicht sehr entzückt von Dürer. Sein Strich ist mir unangenehm und sein übermäßig subjektives Empfinden der Form.

Im Vorraum sehr schöne Sachen von einem Engländer Josef Pennell gesehen (geboren 1858 in Philadelphia, lebt in London). Gesamtansichten von Hüttenwerken mit einer Unmasse rauchender dampfender Schlote, die den ganzen Himmel mit Rauch verqualmen und die Wolkenkratzer von New York bei Tag und bei Nacht.

Mitte November 1909

Arbeiter-Ausstellung höchst interessant. Meist ledige junge Leute, die oft die Schönheit der Großstadt, Fabrikhäuser mit erleuchteten Fenstern usw. begreifen. Für gewöhnlich sind die Motive abgewandt dem gewöhnlichen Arbeitsleben, besonders bei den älteren Arbeitern. Sehr gut sind die Malereien eines Dresdener Tischlers (Selbstporträt, Schlafende Männer in der Pause in der Fabrik, ein Drechsler). Dieser Tischler heißt Rothe, ist 28 Jahre alt, verheiratet und hat drei Kinder. Ein Umsatteln wäre für ihn, wenn nicht unmöglich, doch nicht rätlich, vielleicht käme er nur aus einem Proletariat in ein anderes, womöglich noch schlimmeres.

April 1910

Ich rücke allmählich in die Periode meines Lebens herein, wo Arbeit an erster Stelle steht. Als beide Jungen Ostern verreist waren, habe ich fast nur gearbeitet. Dann noch geschlafen, gegessen, ein wenig spazieren gegangen. Aber vor allem gearbeitet. Und doch weiß ich nicht, ob einer solchen Arbeit nicht der „Segen" fehlt. Durch keine anderen Affekte mehr abgeleitet, arbeite ich, wie eine Kuh grast, aber Heller sagte einmal, das sei der Tod, eine solche Ruhe. Vielleicht „schaffe" ich in Wahrheit dann wenig mehr. Die Hände arbeiten, und der Kopf meint weiß Gott was zu produzieren, und doch war ich früher in meiner so arg beschnittenen Arbeitszeit produktiver, weil ich sinnlicher war, lebte, wie ein Mensch leben muß, mit Leidenschaft an allem interessiert. Nun arbeite ich das zweite Blatt vom Tod.[6] Mitunter verliebt in meine Arbeit, glaube ich weit über mich heraus zu gehen. Nach einer Pause von zwei Stunden, wo ist der geniale Wurf? Es ist dann gar nichts Besonderes, was ich gemacht habe. Das quält mich. Die Potenz, die Potenz läßt nach.

April 1910

Mir geht es jetzt mit der Arbeit so, daß ich ganz vergessen habe, wie *wahnsinnig* ich mich gelangweilt habe noch im letzten Herbst. Wie leer mir war, wie verlassen und unproduktiv. Jetzt arbeite ich Tag für Tag — Woche für Woche, bin ruhig und froh, hab' das Gleichgewicht. Wer weiß, wann auf einmal wieder alles abbricht und ich unfruchtbar und dürr bin, zu nichts gut? Das kann mit einem Schlage kommen. Die Wechseljahre!

18. August 1910

Wenn wie zu Zeiten der Periode ein geschlechtliches Empfinden den Körper durchzieht, verändert sich mein ganzes Empfinden, und ich sehe dann deutlich, wieviel ich verliere mit dem Absterben der Sinnlichkeit. Gefühl, Teilnahme, Liebe ist da und verschwindet wieder, wenn die Wallungen zurücktreten. Fast verdorrt komme ich mir oft vor. Im vorigen Winter wußte ich zu arbeiten, und das ließ mich die Dürre nicht so fühlen. Jetzt aber weiß ich auch nicht einmal zu arbeiten. Sollte nun schon alles zu Ende sein? Und doch bin ich noch nicht geschlechtslos, habe noch das Bluten. Wie werde ich mich fühlen, wenn das auch weg ist?

[Aus „Erinnerungen"]

[1923]

Rückblickend auf mein Leben muß ich zu diesem Thema noch dazufügen, daß, wenn auch die Hinneigung zum männlichen Geschlecht die vorherrschende war, ich doch wiederholt auch eine Hinneigung zu meinem eigenen Geschlecht empfunden habe, die ich mir meist erst später richtig zu deuten verstand. Ich glaube auch, daß Bisexualität für künstlerisches Tun fast notwendige Grundlage ist, daß jedenfalls der Einschlag M[ann] in mir meiner Arbeit förderlich war.

Juni 1913

Ich habe es jetzt zweimal erlebt, daß, wenn das Unwohlsein mich überrascht und ich es nicht vermute, ich wochenlange Arbeit zerstöre, fast aus einem Zwang heraus. Am nächsten Tag hab ich im Unwohlsein die Erklärung für die Zerstörung. Unter so einem pathologischen Drucke stehe ich — wohl die meisten Frauen — während der Periode.

Februar 1911

Bei Singers Begräbnis ging der ganze 4. Wahlkreis dem Sarge voran. Der Zug dauerte, bevor der Leichenwagen kam, wohl eine Stunde. Die Physiognomien wirkten allmählich betrüblich. So *viele* schlecht entwickelte Menschen. So viele häßliche, unintelligente Gesichter. Soviel Kränklichkeit und Verunstaltungen. Und doch waren sie noch als Sozialdemokraten eine Auslese nach oben aus dem Volk.
Hinter dem Sarge kamen dann die Stadtverordneten. Viele davon konnten wir nicht sehn, weil wir unglücklich hinter die Elektrische gedrängt wurden. Aber soviel man sehen konnte, waren die Physiognomien unter ihnen — selbstverständlich — ganz andere.

16. April 1912

Der Arbeiter Soost verdient wöchentlich 28,— M. 6,— davon gehn an Miete ab. 21,— gibt er seiner Frau. Diese zahlt für Betten und Bettstellen ab, so daß 14,—, 15,— M zum Leben bleiben. Es sind Soost und Frau und *sechs* Kinder. Das Kleinste ist ein Einmonatskind, sehr gesund und stark. Die Frau hat, weil sie sich gar nicht pflegen kann, nicht genug Nahrung für das Kind, muß ihm schon die Flasche geben. Die übrigen Kinder sind alle stark und gesund bis auf Lotte, die ist von der Mutter nicht genährt und ist rachitisch geworden. Ein älteres Kind ist schwachsinnig. Die Frau ist 35 Jahre und hat jetzt neun Kinder gehabt, drei sind tot. Aber alle waren, wie sie sagt, so kräftig geboren wie dieser Jüngste, sie sind erst elend geworden und gestorben, wenn sie nicht nähren konnte, und zwar verlor sie die Nahrung, weil sie zu schwere Arbeit hatte und sich nicht pflegen konnte.

30. August 1909

[...] Eine Arbeiterehe ist nur erträglich, wenn Mann und Frau gesund sind. So ist auch der Maßstab, den ich oft von Arbeiterfrauen an andere angelegt finde, immer derselbe: Sie kann arbeiten oder sie kann nicht arbeiten. Die Arbeiterwelt ist eine vollkommen geschiedene von der Bourgeoisiewelt. Es herrschen in ihr vollkommen andere Wertmaße.

Oktober 1912

Als im Sommer ich und Karl ganz allein waren, begleitete ich ihn einmal nach Stolpe. Wir kamen ins Gespräch und kamen wieder auf unser Fremdsein. Wir sprachen von Trennung. Es schien uns beiden fast geboten. Heute weiß ich kaum mehr, wie ich damals fühlte. Ich möchte nicht von Karl fortgehen. Im Sommer fühlte ich mich von Karl und den Jungen fast losgelöst, hing wenig an ihnen. Dann kam eine Zeit, wo ich schmerzlich an ihnen hing wie eine Klucke, ewig mich um sie bangte und für sie litt. Ich weiß nicht, wie es jetzt werden wird. [...]

November 1917

Karl ist manchmal sehr müde. Hin und wieder glänzt sein altes Wesen durch, sein *ganz* liebevolles Wesen. Dann ist er von entzückender Liebenswürdigkeit. Dann fühl' ich ganz das Glück mit ihm zusammen zu leben, und wie kalt und dunkel es sein wird, wenn er vor mir sterben sollte. Vorgestern kam er überraschend nach dem Atelier. Seit Jahren wieder zum erstenmal. Es war so sehr nett.

21. April 1918

Karl sah ich mal wieder wie neu. *Wie gut* gefiel er mir. Wie strahlt sein gutes Wesen aus seiner ganzen Art.

20. März 1919

Der Karl ist gestern als Stadtverordneter vereidigt. Er ist so müde jetzt oft, der Karl. Bin ich fort von ihm, hab' ich manchmal solche Sehnsucht. Als ob ich den lieben Geliebten nicht mehr lange haben könnte.

24. Juni 1923

[...] Ich alte Frau werde so sehr geplagt von längst überwunden geglaubter Eifersucht. Eifersucht ist ein scheußliches, brennendes, einengendes, niederziehendes und demütigendes Gefühl.

Juni 1913

Karl sagte neulich bei Gelegenheit der Sezessionskämpfe und meiner Stellung dazu: Du hast bis jetzt eine ganz andere Lebenspraxis gehabt. Du hast dich angezogen oder abgestoßen gefühlt und danach Umgang gesucht. Stets hast du subjektiv gestanden, und es ist dir nie auf die Erkenntnis der Verhältnisse selbst angekommen. Jetzt bist du in einer Lage, wo es eben auf die Erkennung der Verhältnisse selbst ankommt.

November 1913

[...] Bei der Gelegenheit wurde ich wieder gewahr, wie wenig ich denke und klarzuwerden versuche. Es genügt mir, wenn ich ganz ungefähr Stellung zu einer Sache nehmen kann, kommt es aber zu einer Auseinandersetzung darüber, dann sehe ich, wie ungenügend mein Denken war.

6. Juli 1919

Was hat der Karl für eine Kraft in sich! Zuzeiten freilich ist er müde und dann auch unproduktiv und langweilig, aber dann kommen Zeiten, in denen er direkt sieghaft wirkt. Sieghaft über seine 56 Jahre, die viele mühsame Arbeit, sein Leiden. Dann ist er wundervoll. Werde ich ohne ihn leben müssen oder er ohne mich? Wir werden einander sehr vermissen. Er lebt, belebt mich. Aber am schönsten ist seine Liebeskraft. Sie kommt aus einer frohen Güte, die mir manchmal ganz unglaubhaft vorkommt. Die Liebeskraft macht, daß er wiedergeliebt wird von so vielen, vielen. Vor allem aber von Frauen und Kindern. Daß er zum Beispiel unserer Lene, als sie auf Urlaub ging, eine Apfelsine kaufte.

23. September 1919

Karl hat die Freude und Genugtuung, zu sehen, daß seine angestrengte Arbeit zum Stadtverordneten endlich anfängt, erfolgreich zu sein. Er überwindet mit unglaublicher Energie die eingewurzelte Unsicherheit und Nervosität. Jetzt bringt er es schon fertig, in der Debatte frei zu sprechen. [...]

13. Juni 1921

An Karls Geburtstag sitzen abends wir vier allein bei Rosen und Wein um unsern Tisch. Jeder sagt sein Sprüchlein, und Hans sagt, sein Glas hebend: „Daß wir nach dreißig Jahren auf eine Ehe zurückblicken können wie Ihr!“ Wenn es auch die schöne Stimmung der Stunde war, die aus ihm sprach, wenn er auch ahnte, wie schwierig manchmal unsere Ehe war, wenn wir das auch wissen und nicht vergessen haben — im Innersten, wohl tut es doch, sein Kind so sprechen zu hören, weil — bei allem, was abzuziehn ist — ein nicht geringer Teil doch Wahrheit bleibt.

1. Januar 1912

Seit Monaten nichts aufgeschrieben. Was ist vorgefallen in der Zeit? Und wie ist es jetzt anders gegen ein Jahr zurück? (...) Und ich? Das Fazit 1911? Vorwärtsgekommen? Nicht vorwärtsgekommen im Verhältnis zu Karl. Das, wovon er immer noch spricht, was ihm immer noch als einzig erstrebenswertes Ziel des langen Zusammenseins vorkommt, das wirkliche Verwachsen miteinander, kenn' ich noch immer nicht und werd' es wohl schwerlich noch kennenlernen. — Werden die Beziehungen zu den Jungen nicht auch loser? Ich glaube fast. Es bleibt für das letzte Drittel des Lebens nur Arbeit übrig als das, was immer reizt, verjüngt, erregt und befriedigt. Ich bin in diesem Jahr in der Plastik ganz schön vorwärtsgekommen. Von der ersten Gruppe der Mutter mit dem Kind bis zu der letztfertiggemachten ist ein Fortschritt. Diese Gruppe, in welcher das Kind zwischen den Beinen der Mutter sitzt und sie mit der linken Hand seine Füße faßt, ist ziemlich ganz nach Modell fertiggemacht. Jetzt hab' ich es noch einmal vorgenommen, doch hat es wieder seine tote Seite, der ich nicht beizukommen verstehe.

April 1910

Gestern abend war ich zu einer Sitzung mit Leuten geladen, die die juryfreie Ausstellung wieder von neuem in Angriff nehmen wollen. Interessant war mir dabei, Pechstein kennenzulernen, Kober und noch zwei andere von der Sezession refüsierte Jünglinge. Ihre Arbeiten sagen mir gar nichts, ich halte sie für talentvolle Schmierereien, wie jeder begabte Akademieschüler sie fertigbringt. Doch halten sie sich für kommende Manets.

P[echstein] sagt: *Meinetwegen* ist mir die juryfreie Ausstellung schnuppe, ich setze mich doch durch usw. — Jetzt gehöre ich selbst schon zu der älteren Generation, die lange arrivée ist und der Jugend Platz und Licht wegnimmt. — Sehr interessant, die immer wieder anschwellende Woge der jüngsten Jugend. Sie *kann* den Gereifteren und denen mit Können und Handwerk nicht verständlich sein, denn sie bringt fast nie positive Vorzüge. Diese liegen in der Phantasie der Jugend. Doch hat die Jugend das Recht, sich mit diesen phantasievollen Zukunftsaugen anzusehn, ebenso wie die Nicht-mehr-Jugend das

Recht hat, über die illusionistischen Werte der Jüngsten zu lächeln und sich davon abzuwenden, ihren ausgereiften Sachen zu.

9. Oktober 1910

War in der Schwarz-Weiß-Ausstellung der Neuen Sezession. Allmählich bekomme ich doch etwas Ahnung davon, was diese neue Richtung Gutes haben könnte. Eben „sie reizt und wirkt und muß als Teufel schaffen". Als ich hinterher in das Nebenkabinett kam, wo einige Arbeiten der Refüsierten hingen, wirkte die dort vorherrschende, platte glatte Talentlosigkeit noch viel schlimmer als die Sauereien der Neusezessionisten.

November 1913

Neulich war Paul Goesch hier und sprach über moderne Malerei. Er fand meine Stellung zu derselben unklar. Peter sollte sagen, wie er dazu stände. Er erklärte sich für die Expressionisten, Kubismus und Futurismus für Spielerei.
Wenn ich doch noch lernen könnte von der neuen Richtung und doch selbständig bleiben.

November 1913

[...] Eigentlich muß ich mit meinem Können — selbst dem plastischen — mir mehr zutrauen. Daß mir der Mut fehlt, ist eine Alterserscheinung? Die vielen Wenns und Abers, die man als älterer Mensch kennt. Pechstein stellt seine talentvollen plastischen Skizzen ohne Skrupel aus. Er kümmert sich den Deiwel darum, daß es nur Skizzen sind.

21. Februar 1916

Einen Artikel von E. v. Keyserling gelesen: „die kommende Kunst". Er wendet sich gegen den Expressionismus und sagt, daß das deutsche Volk nach dem Kriege weniger denn je verstiegene Atelierkunst brauchen kann. Was es braucht, ist Wirklichkeitskunst.
Ganz meine Meinung. Wenn, was K[eyserling] Wirklichkeitskunst meint, dasselbe ist, was ich so nennen könnte. Kommt

auf ein Gespräch heraus, das ich neulich mit Karl über meine kleine Plastik hatte.
Es ist richtig, daß die durchfällt! Warum? Sie ist nicht populär. Der Durchschnittsbeschauer versteht sie nicht. Kunst für den Durchschnittsbeschauer braucht nicht flach zu sein. Sie wird ihm noch gefallen, auch wenn sie platt ist. Sicher aber wird ihm wahre Kunst gefallen, die einfach ist. Es ist ganz meine Meinung, daß zwischen Künstler und Volk Verständnis sein muß, zu den besten Zeiten ist es auch immer so gewesen.
Das Genie kann wohl vorauslaufen und neue Wege suchen, die guten Künstler aber, die nach dem Genie kommen — und zu diesen rechne ich mich —, haben den verlorengegangenen Konnex wieder zu schaffen. Eine reine Atelierkunst ist unfruchtbar und hinfällig, denn was nicht lebendige Wurzeln faßt — warum soll das sein?
Nun für mich. Es ist eine Gefahr für mich, daß ich mich zu sehr vom Durchschnittsbeschauer entferne. Ich verliere die Verbindung mit ihm. Ich suche in der Kunst, und wer weiß, ob ich nicht zum Gesuchten dabei komme? [...]

August 1914

Krieg

13. August 1914

Ich war abends zu Hans gegangen in die Stube, die er sich mit Schönwandt und Rosolio zusammen genommen hat. Es war noch ein blondes junges Mädchen da, dann kamen Walter Meier, Peter, Koch, Krems, ein junger Bruder von Rosolio. Nach dem Essen wurde eine Kriegsnovelle von Liliencron gelesen, die Geschichte, wie Liliencron zu seinem sterbenden Freund gerufen wird.
Nach dem Lesen alle ganz stumm. Dann singen sie. Peter steht an einem Türpfosten links, Koch am anderen. Auf der Chaiselongue Schönwandt und Walter Meier. Rechts am Fenster steht Hans, am Tisch der Bruder Rosolio, auf dem Sofa das junge Mädchen und ich. Sie singen Landsknechtslieder und Kriegslieder.
Die Männer, die in den Krieg gehn, hinterlassen meist Frau und Kinder. Ihr Herz ist geteilt. Die Jungen sind in ihrem Herzen ungeteilt. Sie geben sich mit Jauchzen, sie geben sich

wie eine reine schlackenlose Flamme, die steil zum Himmel steigt. —
Diese an diesem Abend zu sehn, 'runter bis zu Krems, dem Knaben, ist mir sehr weh und auch wunder-wunderschön.

17. August 1914

Seit zwei Tagen soll an der französischen Grenze gekämpft werden. Hier bei uns Schweigen. In der Nacht wachte ich auf, weil ich einen langgezogenen metallenen Klang hörte, der sich in kleinen Zwischenräumen mehrfach wiederholte. Ich träumte dann weiter, das sei Nachricht, daß ein Schlachtenführer gefallen sei. Druck und trostloses Gefühl beim Aufwachen.
Sitze abends an Peters Bett, er wünscht, daß ich ihm aus Zarathustra über den Krieg vorlese.

27. August 1914

[...] In dem heroisch Starrenden dieser Kriegszeit, in dem fast widernatürlich heraufgeschraubten Seelenzustand berührt es wie himmlische Klänge, süße weinende Friedensklänge, wenn man liest, daß französische Soldaten verwundete deutsche Soldaten schonen, ja, ihnen helfen, daß deutsche Soldaten in den Franktireurdörfern an Häusern Aufschriften machen, wie: „schonen! hier wohnt alte Frau — haben mir Gutes erwiesen — nur alte Leute — Wöchnerin — usw." Sehr rührend war es mir auch, zu lesen, daß gefangene französische Soldaten, wenn sie eingebracht werden, sich vor Scham das Gesicht bedecken.
Die Gabriele Reuter schrieb im Tag über die Aufgabe der Frauen jetzt. Sie sprach von der Wollust des Opferns, ein Ausdruck, der mich sehr traf. Wo nehmen alle die Frauen, die aufs Sorgfältigste über das Leben ihrer Lieben gewacht haben, den Heroismus her, sie vor die Kanonen zu schicken? Ich fürchte, nach diesem Seelenaufschwung kommt eine desto schwerere Verzweiflung und Verzagtheit nach. Die Aufgabe ist, es nicht nur in diesen Wochen, sondern lange zu tragen, auch im trostlosen Novemberwetter, auch wenn von neuem das Frühjahr kommt, der März, der Monat der jungen Menschen, die leben wollten und dann tot sind. Das wird noch viel schwerer sein. [...]

1. September 1914

Heute ist Sedan. Es werden die eroberten Geschütze und die russische Fahne eingebracht. Diese, nur noch eine leere Stange, wird von den Landwehrleuten gebracht, die sie erkämpft haben. Berlin steht ganz unter dem Sedanzeichen. Die ganze Stadt ist beflaggt. Menschenmassen Unter den Linden, alles in Jubel — und Siegesstimmung, als ob der Krieg beendet wäre.

Diese etwas oberflächliche Jubelstimmung, die so schlecht paßt zu den grausamen Schlachten an beiden Grenzen, zu all dem Scheußlichen und Barbarischen, das man aus Ostpreußen und Belgien hört, zieht sich über Tage hin. Die Leute haben eben die Fahne gekauft, und das Wetter ist schön, also hängt man sie 'raus. Die Zeitungen bringen die Nachricht von Poincarés Flucht aus Paris und der bevorstehenden Belagerung von Paris. Ich treffe Goeschs in der Stadt, sie sind am Abend bei uns. Heinrichs Prophezeiungen haben sich alle zum Guten gewendet: Die Deutschen erheben ihren Geist zum Zeitgeist usw. Er selbst dient nicht, seines Knies wegen, aber er redet zu seinen Bauern in Alt-Thymen, sie sollen tapfer fürs Vaterland kämpfen. Am nächsten Morgen habe ich das Gefühl: Worte, Worte...

Am Sonnabend, dem 5. September, fahre ich Peter besuchen. Am Bahnhof sind Koch, Krems und Meier. Peter fehlt. Er hat eine Kniegelenkentzündung. Ich finde ihn hinkend in seinem schönen Obstgarten vor. — Die Nacht zum Sonntag schlafe ich unten bei Fräulein Krüger. Peter schläft unter dem Dach in viel Staub. Ich lese von Gide „Der verlorene Sohn" vor. Sonntag nachmittag kommen Krems, Koch, der Bruder Kochs und Fräulein Ziese Peter besuchen.

Abends gehe ich allein nach dem Bahnhof. Der schöne alte Dom. Auf dem Bahnhof die vielen Frauen und Bräute, die ihre Männer zum letztenmal besucht hatten. Der traurige Abschied. Diesmal waren es die Soldaten, die zurückblieben. Sie singen: „Wer weiß, ob wir uns wiedersehn..." In Angermünde hält der Zug. Auf dem benachbarten Perron hält ein Soldatenzug. Kavallerie. Uns gegenüber ein Viehwagen, zu den Seiten die Pferdeköpfe. In der offenen Tür ein junger Offizier oder Unteroffizier, ganz jung, rosiges Gesicht, wie alle ausziehenden Soldaten in dieser heiteren selbstverständlichen Ruhe. Frau Meier reichte ihm Schokolade herüber. Er sprach davon, daß sie nicht wüßten wohin, usw. ... Dann auf der nächsten Station die Dame in Trauer mit dem alten Stabsarzt. Auch sie beide sachlich, heiter, selbstverständlich.

5. Oktober 1914

Abschiedsbrief an Peter. Als ob das Kind einem noch einmal vom Nabel abgeschnitten wird. Das erstemal zum Leben, jetzt zum Tode. Peter ist am Telefon und teilt mit, daß sein Knie so viel besser wäre, daß er mitginge.

12. Oktober 1914

[...] Auf dem Bahnhof wird Artillerie verladen. Gegen den schwarzen Nachthimmel die schattenhaften grauen Soldaten, wie sie die Kanonen auf die Wagen bringen. Auf der Landstraße Trupps von Infanterie und Kavallerie, alles im Dunkel, Gedränge und Geschimpfe, Rufe. Im Wald Gesang von aufgeregten Soldaten, die in die Kaserne zurückgehn. Im Wirtshaus vaterländische Gesänge und vor dem Bahnhof Abschiednehmen. Weinen.
Er hat die Nummer 115.

24. Oktober 1914

Die erste Nachricht von Peter. Er schreibt, sie hören schon Kanonendonner.
Goeschs kommen am Abend und bleiben über Nacht. Heinrich redet, und ich denke an Peter. Wo ist er? friert er? hungert er? ist er in Gefahr?

30. Oktober 1914

„Ihr Sohn ist gefallen."

6. Februar 1915

Immer derselbe Traum: er wäre noch da, es wäre noch eine Möglichkeit, daß er lebte und wiederkäme, und dann noch im Traum die Erkenntnis, *er ist tot.*
„Saatfrüchte sollen nicht vermahlen werden."

Weihnachten 1915

Das Tannenbäumchen, das der Hans dem Peter gebracht hat, hab' ich auf seinen Holztisch gestellt. Der steht an der Wand unter dem van Gogh. [...]

12. Oktober 1919

Heut ist der 12. Oktober. Heut sah ich ihn zum letztenmal. Karl und Hans sind im Theater. In der Tollerschen „Wandlung". Ich hatte Furcht mitzugehn, weil alles Entsetzliche des Krieges einem da wieder vorgeführt wird. Ich will nicht das Leiden aufsuchen.

21. Dezember 1919

Am 14. Dezember war in der Kunstgewerbeschule die Gedächtnisfeier für die gefallenen Schüler. Karl, ich und Hans saßen zusammen. Es war in der großen Halle der Kunstgewerbeschule, wo ich einmal auf Peter wartete. Bruno Paul sprach einfache Worte. Döpler sprach und ein Schüler aus dem Schülerrat. Es wurde Musik gemacht. Hans Hoyer stand bei uns.
Dann ging man in die kleine Ausstellung, wo zwischen andern auch unser Peter hing. Sein Selbstbild, sein Akt und zwei Landschäftchen.

Juni 1914

Was für gute Ausdrücke das sind: „jemanden einen Menschen oder eine Sache auf die Seele binden" und: „einem etwas ans Herz legen".

1. Dezember 1914

Heut nacht den Plan zu einem Denkmal für Peter[7] gefaßt, aber wieder aufgegeben, weil er mir unausführbar schien. Am Morgen kam mir plötzlich der Gedanke, ich könnte durch Reicke[8] die Stadt darum bitten, mir einen Platz zu geben. Was es kosten würde, dazu müßte gesammelt werden. Es muß auf den Höhen von Schildhorn stehen, wo man den Blick über die Havel hat. An einem herrlichen Sommertage soll es fertig sein

und eingeweiht werden. Gemeindeschulkinder singen: „Wir treten zum Beten." Das Denkmal soll Peters Gestalt haben, ausgestreckt liegend, den Vater zu Häupten, die Mutter zu Füßen, es soll dem Opfertod der jungen Kriegsfreiwilligen gelten.
Es ist ein wundervolles Ziel, und kein Mensch hat ein solches Anrecht darauf, dieses Denkmal zu machen, wie ich.
Diese Einsamkeit jetzt.

6. Oktober 1915

Auf französischer und englischer Seite sollen 190000 Tote und Verwundete sein. Die Zahl der Unsern hört man nicht. Mitunter bin auch ich so weit, daß ich in dem Krieg nur den verbrecherischen Wahnsinn sehe. Aber wenn ich dann an Peter denke, so fühle ich auch wieder das andere. Wer nicht das erlebt hat, was wir erlebt haben und mit uns alle die, die vor einem Jahr ihre Kinder hingaben, der kann in dem Krieg nur das Negative sehn. Wir wissen mehr.
Ich habe einen Traum, den ich für eine Friedensvoraussage halte. Ich träume, ich sehe den Wörther-Platz mit dünnem, leuchtend weißem Schnee bedeckt, und aus allen Fenstern hängen Fahnen und wehen in der hellen Luft.

2. Januar 1916

Neulich sagte der Karl: „Wir sind nicht besser geworden durch seinen Tod." Das Enge in mir, das ist das Schlimmste. Sich dehnen, weiten, höher werden, danach verlangt man. Derselbe zu bleiben, der man war, bevor das Schicksal uns schlug, darf nicht sein. Die Umwandlung durch einen einzigen Willensakt ist nicht erfolgt, so muß sie langsam erfolgen. In dies neue Jahr tritt man herein — sehr ernst, sehr unbeschwingt. Was man ersehnt, ist Frieden.

6. Januar 1916

Vormittags Jury für die Freie Sezession. Ich bin zaghaft, Sachen von Bekannten, z. B. Änny Löwensteins Porträt, durchzudrücken. Wären die Sachen *sehr* gut, daß ich davon überzeugt wäre, würde ich — ich hoffe es — mit mehr Eifer dabeisein. So aber sind die Sachen, für die einzustehn mir nahegelegt wird, fast alle mittelgut, ja höchstens mittelgut. — An den ganzen eingelieferten Arbeiten war fast nichts Außergewöhnliches, was von einer Frau stammte, die einzigen originellen Arbeiten stammten von Männern.

28. Januar 1916

Meine unangenehme Stellung in der Jury. Immer habe ich die Sache einer Frau zu vertreten. Weil ich das aber eigentlich nie mit Überzeugung tun kann, da es sich stets um mittelmäßige Leistungen handelt (darüber herausgehende fänden die Zustimmung auch der andern Jury), kommt etwas Doppelzüngiges heraus.

1. Februar 1917

Neulich bei Milly Steger gewesen im Atelier. Sie ist sympathisch und ihre Arbeit stark. Etwas seelenlos. Es gibt für sie nur formale Probleme. Sie geht von einem ganz andern Ende los wie ich. Sie ist ein ordentlicher Kerl, arbeitet wie ein Mann, hat große Aufträge für Bauten usw. Hat in der neuen Richtung einen Namen.
Martha Dehrmann schreibt, daß der Frauenkunstverband mich vorschlagen will für die Städtische Kunstdeputation. Vorausgesetzt, daß sie eine Frau zulassen. Ich schreibe ihr ab, weil ich finde, ich eigne mich nicht dazu. Möchte so ungern Anwalt der Frau in Kunstsachen sein, was mit so einer Stellung wohl verbunden ist.

15. Januar 1916

Es ist kein einziger in der Jury, mit dem ich im Urteil immer übereinstimme. Am ehesten mit Gaul, aber G. ist tolerant. Er ist gütig und lehnt ungern ab. Er hat den müden Standpunkt, es ist ja doch alles so gleichgültig, was gemacht wird, Meisterwerke gibt's nicht. Wo Arbeit ist und Mühe und obendrein noch gar Not, das solle man immer annehmen. Auch wenn die Arbeit mittelmäßig ist. Die anderen sind im Ablehnen und Annehmen mir oft unverständlich. Ihr Urteil ist mit Sicherheit gegeben. Sie sind mehr geübt und gebildet im Sehn als ich.

Aber wirkliche Folgerichtigkeit kann ich in ihrem Urteil nicht immer sehn.

20. Januar 1916

Den ganzen Tag Hängen in der Sezession. Jurieren, auch Hängen sehr lehrreich.
Eine Ausstellung soll ein Gesicht haben, und Bilder, die sie zeigt, müssen sich in dieses Gesicht einfügen lassen. Daraus kann folgen, daß mittelmäßige Bilder, die Züge haben, die in dies Gesicht hineinpassen, oft angenommen werden müssen, bessere Bilder, die Züge haben, die nicht hineinpassen, mitunter zu Recht abgelehnt werden müssen. Notwendige Ungerechtigkeit aller Ausstellungsveranstaltungen.

22. Januar 1916

[...] Immer mehr habe ich den Eindruck, daß, sobald eine Ausstellung einer Jury unterliegt, damit notwendigerweise Vetternschaft, Laune, Zufälligkeiten mitspielen. — Von Gerechtigkeit kann keine Rede sein. Es ist aber die Frage, wie weit man in Fragen der Kunst überhaupt mit Gerechtigkeit kommt. Ob es ein Begriff ist, der auf ihrem Gebiet anwendbar ist?

[Brief an Sella Hasse]

[vermutlich 1916]

Liebe Frau Hasse — Von Ihren graphischen Blättern ist viel gekauft (...) Einige der Blätter kannte ich, einige, wie der Hamburger Gang — rechts steht eine Frau vornübergebeugt an die Wand gestützt und läßt Wasser einlaufen — waren mir neu. Gerade dieses Blatt mag ich sehr gern. Überhaupt lösten sich Ihre Arbeiten höchst vorteilhaft aus der Masse los.
Darf ich Ihnen noch sagen, daß es mir leid tut, daß Sie nicht bei den Arbeitermotiven bleiben? Ich nehme an, daß die anderen Arbeiten, die Sie eingeschickt haben, ganz neueren Datums sind? Ich hoffte, Sie würden noch lange den Arbeiter schildern und immer mehr da herausholen. Natürlich muß jeder so machen, wie es ihn innerlich nötigt, aber leid tut es mir. Leben Sie wohl und herzlichen Gruß Ihre

Käthe Kollwitz

11. Oktober 1916

Einen Aufsatz aus der englischen „Nation" gelesen. Es wird da von der englischen Jugend gesprochen, die lange vor Einführung der Dienstpflicht freiwillig in den Krieg ging. Weiter: „Was aber wirklich in der Welt vorgeht, das ist eine Verminderung in kolossalem Maßstabe des europäischen Schatzes an Jugend, an Phantasie, an Freudigkeit, an den schöpferischen und erneuernden Kräften, die noch einmal die Erde zu einem Aufenthaltsort machen können, an dem es sich lohnt zu leben."

Nach wie vor ist mir alles so sehr dunkel. Wie ist das? Nicht nur bei uns geht die Jugend freiwillig und freudig in den Krieg, sondern bei allen Nationen. Menschen, die unter anderen Umständen verstehende Freunde wären, gehn als Feinde aufeinander los. Ist wirklich die Jugend ohne Urteil? Geht sie immer los, sobald man sie aufruft? Ohne näheres Hinsehen? Geht sie los, weil sie eben will, weil es ihr im Blut liegt, und nimmt unbesehen hin, was man ihr an Kriegsgründen sagt? Will die Jugend überhaupt den Krieg? Und ist es eine alte Jugend, die ihn nicht mehr wollen wird?

Der schreckliche Unsinn, daß die europäische Jugend gegeneinander rast. Wenn ich glaube, überzeugt zu sein vom Unsinn des Krieges, dann frage ich mich wieder, nach welchem Gesetz die Menschen zu leben haben. Sicher nicht, um das größtmögliche Glück zu erreichen. Es wird für ewig bestehenbleiben, daß das Leben in den Dienst einer Idee gestellt werden muß. Was aber ist in diesem Fall daraus gefolgt? Peter, Erich, Richard, alle stellten ihr Leben unter die Idee der Vaterlandsliebe. Dasselbe taten die englischen, die russischen, die französischen Jünglinge. Die Folge war das Rasen gegeneinander, die Verarmung Europas am Allerschönsten. Ist also die Jugend in all diesen Ländern betrogen worden? Hat man ihre Fähigkeit zur Hingabe benutzt, um den Krieg zustande zu bringen? Wo sind die Schuldigen? Gibt es die? Sind alles betrogene? Ist es ein Massenwahnsinn gewesen? Und wann und wie wird das Aufwachen sein?

Nie wird mir das alles klarwerden. Wahr ist nur, daß die Jungen, unser Peter, vor zwei Jahren mit Frömmigkeit in den Krieg gingen, und daß sie es wahrmachten, für Deutschland sterben zu wollen. Sie starben — fast alle. Starben in Deutschland und bei Deutschlands Feinden, Millionen.

Als der Geistliche die Freiwilligen einsegnete, sprach er von dem römischen Jüngling, der in den Abgrund sprang und ihn damit schloß. Das war ein Einziger. Jeder dieser Jungen empfand, daß er wie dieser Einzige handeln müsse. Was herauskam, war aber etwas sehr anderes. Der Abgrund hat sich nicht geschlossen. Millionen hat er verschlungen und klafft noch. Und Europa, ganz Europa opfert noch immer wie Rom sein Schönstes und Köstlichstes, aber niemand ist, der das Opfer lohnt. [...]

Februar 1917

Haben gestern einen Vortragsabend von Durieux und Eysold gehört bei Cassirer. Alles andere war gleichgültig. Aber die Durieux las von Leonhard Frank eine Geschichte von einem Kellner, der einen einzigen Sohn hat. Der fällt „auf dem Felde der Ehre". Und dann nachher die sozialdemokratische Versammlung, wo der Kellner auf einmal zu Worten kommt. Der Zug auf der Straße, der anwächst, „die wollen Frieden machen." Das enorme Volksgetöse zuletzt und die läutenden Glocken: „Frieden! Frieden!" Es war gar nicht zum Aushalten. Als sie aufhörten, rief eine Männerstimme immer laut weiter: „Frieden! Frieden!"

Und das alles zu wissen, daß so inbrünstig die Sehnsucht nach Frieden ist, in ganz Europa, überall gleich, und daß doch der Krieg nicht aufhören kann und alle Tage weitergeht und jede Stunde junge Menschen sterben müssen.

[Aus einem Brief an Hans Kollwitz]

22. April 1917

Mein lieber Hans! (...) Du weißt, wie zu Anfang des Krieges Ihr sagtet: Die Sozialdemokratie hat versagt. Wir sagten: Die Idee des Internationalismus muß jetzt zurücktreten, hinter allem Nationalem steht aber doch das Internationale. Dann war mir diese Auffassung ganz zugeschüttet, und jetzt ist sie wieder da. Die nationale Entwicklung, *wie sie jetzt ist,* führt in Sackgassen. Es *muß* ein Zustand gefunden werden, der das völkische Leben erhält, der aber das verhängnisvolle nationale Wettrennen unmöglich macht. Die Sozialdemokraten in Rußland sprechen die wahre Sprache.

Das ist Internationalismus. Trotzdem sie ihr Heimatland weiß Gott lieben.
Mir will scheinen, als ob hinter all den Krämpfen, die die Welt jetzt durchmacht, doch schon eine neue Schöpfung sich ankündigt. Und das millionenfach geflossene geliebte Blut, es ist geflossen, um die Menschheit höher zu heben, als sie stand.
Das ist mein Politisieren, Junge, es kommt auf Glauben heraus.

27. August 1916

Aufsatz von Leopold von Wiese gelesen über Liberalismus. Alles Widerspruchsvolle in mir gezeigt. Meine unhaltbare widerspruchsvolle Stellung zum Kriege. Wie ist die gekommen? Durch Peters Opfertod. Was mir damals klar wurde und was ich in meiner Arbeit halten wollte, das wird mir jetzt wieder so schwankend. Ich glaube, Peter nur behalten zu können, wenn ich, was er mich damals lehrte, nicht mir entziehen lasse. Nun dauert der Krieg zwei Jahre, und fünf Millionen junge Männer sind tot, und mehr als nochmal so viel Menschen sind unglücklich geworden und zerstört. Gibt es noch irgend etwas, was das rechtfertigt?
Und nun spricht der Wiese von der Notwendigkeit, „Todfeind zu sein aller Hinopferung des Lebendigen an die leblose Idee". Für ein paar glückliche Augen sämtliche Doktrinen der Weltweisheit. Das ist freilich etwas anderes als die Gesetzesfreude, unter der Peter und seine Jungen ins Feld zogen. Und etwas anderes als wie Rupp sagt: „Der Mensch ist nicht zum Glück geboren, sondern daß er seine Pflicht erfülle."
Aber etwas anderes noch in dem, was Wiese sagt, quält mich. Er spricht von den Abgebogenen, die nicht von Haus aus hereinpassen in unsere Gesellschaft. „Die Summe des Leides und der Verschwendung, in der zur Blüte Fähiges verkommen oder gebrochen worden ist, geht über menschliche Vorstellungskraft heraus. Die Mehrzahl der Menschen wurde erst nach Resignation nutzungsfähig für die Gesellschaft."
Wieder empfinde ich das Unrecht gegen Hans. Nichts von Zwang war selbstverständlich, aber unser schwerer als Zwang wiegendes moralisches Gegengewicht. Könnte ich den Jungen noch einmal haben wie damals, noch als Knaben mit meiner jetzigen Erkenntnis, — *anders* würd' ich es machen. Die Lise

hat es richtig gemacht, als sie die Hanna Schauspielerin werden ließ und die Katta Tänzerin. — Damals glaubte ich recht zu tun und sagte mir, wir nötigen den Jungen ja nicht — ist sein Wunsch stark genug, so setzt er es durch. Er war nicht stark genug. Der Hans hat resigniert. Damals und im Kriege wieder. Jetzt sitzt er an gesicherter Stelle hinter der Front und wird nachher Arzt werden. So schön könnte das sein, aber ist es *Hansens* Arbeit? „Die Mehrzahl der Menschen wird erst nach Resignation nutzungsfähig für die Menschheit."
Für die beiden Kinder wäre man — das ist wahr! — gestorben, hätte der eigene Tod ihr Leben bedeutet. So liebte man sie. Der eine ist tot, weil er sich einer „leblosen" Idee — nach Wiese — hingeopfert hat. Der andere sucht sich schwer seinen Weg. Er ist erst 24 Jahre und hat sein Leben unter „Pflicht" gestellt. Und wir selbst — der Karl und ich? Früher sah ich meinen Weg so klar. Jetzt scheint es mir, ich bin zerschlissen. Ich kann das nicht alles mit eins sein. Ich Mutter bin etwas anderes als Rupp Enkelin. Es gäbe die Zusammenfassung in der Kunst. Zur Zeit scheint mir, daß ich sie auch da nicht mehr finden kann — weil ich die Kraft nicht mehr finden kann — weil ich die Kraft nicht mehr habe.
Das ging vielleicht doch alles über meine Kraft — diese zwei Jahre. So daß man wohl noch lebt, aber vielleicht im Hebbelschen Sinn „über seinem eigenen Grabe".

30. August 1917

Gorkis *Kindheit* gelesen. Wie bitter und traurig. Nur die wundervolle Großmutter!

Silvester 1917

Was hat dies Jahr gebracht! Was hat es genommen? Es war schwer und ernst wie die beiden andern Kriegsjahre. *Es hat nicht den Frieden gebracht.* Es hat immer genommen und genommen. Menschen genommen und Glauben genommen. Hoffnung genommen. Kraft genommen. Gegeben hat es neue Ausblicke durch Rußland. Von da ist etwas Neues in die Welt gekommen, was mir entschieden vom Guten zu sein scheint. Eine neue Hoffnung, daß in der Entwicklung der Völker in der Politik nicht wie bis jetzt nur Macht entscheidet, sondern daß von nun an auch die Gerechtigkeit mitwirken soll. Die Russen haben gezeigt, daß eine Möglichkeit dazu ist, und dies ist vielleicht das schönste geistige Erlebnis im letzten Jahr gewesen. Zwar wie bedrängt ist diese Erkenntnis, wie wollen die alten bösen Prinzipien sie wieder überwuchern und ersticken. Aber selbst wenn sie wieder erstickt, so ist es doch eine Weile wahr gewesen, daß sittliche Motive die Welt — oder einen Teil derselben — bewegt haben. Und schon das ist ein Gewinn.

4. Januar 1918

Der Frieden mit Rußland, der so nah schien, ist wieder weit weg. Die Russen sagen, daß der „annektionslose" Frieden Deutschlands Maske war, in Wahrheit wolle Deutschland annektieren. Und ich fürchte, sie haben recht. Es ist furchtbar deprimierend und beschämend.

[Nachruf auf Auguste Rodin]

[1917]

Rodin

Rodin ist tot.

Wenn es möglich sein wird, wieder nach Paris zu gehen, wird man Rodin nicht mehr finden.

Ich durfte ihn vor Jahren zweimal sehen. Das erstemal in dem bekannten Atelier in der Rue de l'Université, wo er empfing. Das zweitemal in Meudon in seinem Museum. Dieses zweite Mal lernte ich eigentlich ihn erst kennen. Ich meine seine Kunst. Er selbst hatte Besuch, mit dem er sich unterhielt. Er forderte mich freundlich auf, in dem Museum mir alles anzusehen. Sein ganzes Œuvre fand ich da zusammen. Alles, auch die vielen kleinen Gipsskizzen in den Glasschränken.

So deutlich steht mir der alte untersetzte Mann vor Augen. Der lange weiße Bart, die gütig und schlau blickenden kleinen Augen, die Stirn, die im oberen Teil zurücktrat und über den Augen so gewaltig und gebuckelt auslud. Die großen Filzschuhe, mit denen er auf dem Steinboden herumhuschte.

Damals gab es für mich in der ganzen neuzeitlichen Plastik einzig Rodin.

Ich denke zurück an jenen Eindruck und frage mich: Worin

lag das Zwingende, Überzeugende, leidenschaftlich Hinreißende seiner Schöpfungen? Darauf kann ich nur antworten: In seinem Vermögen, dem seelischen Gehalt die plastisch überzeugende, nur diesem Gehalt zugehörende Form zu finden. Der Mensch Rodin, der seelische Inhalt seiner Werke, die Form, die er schuf, sind eins. Auch eins mit ihnen ist die Wirkung, die beim Anschauen der Werke auf den Beschauenden überströmt. Mir ist es wenigstens immer so gegangen, daß, ob es nun seine große Liebesgruppe mit den wundervoll beseelten Händen war, die ich sah, oder seine Bürger von Calais oder seine Kauernde, immer unmittelbar eine starke Erregung vom Werk in mich überströmte. Die von ihm ausgehende Kraft, die sein Werk ganz individuell belebte, setzte mich mit in Schwung.

Ich denke an das Gebet, den betenden Knaben. Dieser *eine* leidenschaftliche Wurf hintenüber, die Arme, die, über den Kopf hinausgeworfen, flehen, wie der ganze Körper fleht. Gibt es in der ganzen Kunstgeschichte ein Werk, das überzeugender das flammende Gebet eines Jugendlichen offenbart?

Und die vielen anderen Gestalten, die nun in der Phantasie auftauchen, ähnlich wie bei seinem Auferstehungsrelief vom großen Höllentor Körper über Körper sich hervorwindet. Alle seine Werke voll leidenschaftlichen Lebens. Wühlend in der Empfindung, wühlend in der Form. Das ist ja eben das an ihm, dem man sich nicht entziehen kann, diese Einheitlichkeit von Form und Inhalt. Eine andere Lösung als die von ihm gefunden scheint undenkbar, wenn man einem seiner Werke gegenübersteht.

Mag sein, daß die jetzt kommende Generation auf der Suche nach neuen Wegen Rodin den Rücken wenden wird. Er bleibt der eigene große Schöpfer, der solche Wellen der Beurteilung lächelnd überdauert.

5. Dezember 1917

Auf der Auktion Kaufmann gewesen und den alten Seydlitz kennengelernt. Die Leute sollen wie unsinnig gekauft haben. Schwindelnd hohe Summen.

Ein Kontrast dazu. Auf dem Nachhauseweg treffe ich die kleine Frau Dr. Magnus. Sie ist ganz klein und mager geworden. Sie arbeitet jetzt im vierten Jahr ohne irgendein

Entgelt in Volksküchen usw. Selbst wohlhabend, ist sie hart gegen sich. Gibt viel Geld an Arme. Im vorigen Jahr, sagt sie, hat sie oft gehungert, weil sie nur gemäß den Karten leben wollte. Ich glaub' es, weil ich sie kenne. Sie ist gerecht, unermüdlich und streng in den Forderungen an sich selbst, ein moralischer Mensch. Vielleicht aber zu ernst und schwer. Wohl mit sehr wenig Freuden im Leben und am Leben.

1. Juli 1918

[...] Ich hab' gemeint und auch daran geglaubt, daß die Zeit von 1914 bis jetzt mich läutern würde. Der Schmerz hat Müdigkeit zurückgelassen. Es ist auch nicht allein der Peter. Es ist der *Krieg*, der einen bis auf den Boden drückt.

30. Oktober 1918

Der *Vorwärts* hat meine Entgegnung an Dehmel doch noch gebracht, und die *Voss* hat sie abgedruckt.
Artikel aus dem *Vorwärts:*

An Richard Dehmel!
Entgegnung von Käthe Kollwitz.
Richard Dehmel veröffentlicht im *Vorwärts* vom 22. Oktober einen Aufruf: *Einzige Rettung.* Er appelliert an die Freiwilligkeit aller kriegstauglichen Männer. Einem Aufruf der obersten Verteidigungsinstanz, meint er, würde nach Ausscheidung der „Memmen" eine kleine desto auserwähltere Schar todbereiter Männer sich stellen, und Deutschlands Ehre würde durch diese gerettet werden.
Ich wende mich hiermit gegen Richard Dehmel! Ich vermute wie er, daß einem solchen Appell an die Ehre eine auserlesene Schar Folge leisten würde. Und zwar wieder wie im Herbst 1914 in der Hauptsache aus Deutschlands Jugend bestehend, soweit dieselbe noch in Frage kommt.
Das Resultat würde höchstwahrscheinlich sein, daß diese Opferbereiten tatsächlich hingeopfert würden, und daß dann — nach dem täglichen Blutverlust dieser vier Jahre — Deutschland eben verblutet ist. Was dann im Lande bliebe, wäre nach Dehmels eigener Schlußfolgerung nicht mehr die Kernkraft Deutschlands. Diese läge eben auf den Schlacht-

feldern. Meiner Meinung nach aber wäre ein solcher Verlust für Deutschland viel schlimmer und unersetzlicher als der Verlust ganzer Provinzen.
Man hat tief umgelernt in diesen vier Jahren. Mir will scheinen, auch in bezug auf den Ehrbegriff. Wir empfanden Rußland nicht als ehrlos, als es in den unerhört harten Brester Frieden einwilligte. Es tat es aus dem verpflichtenden Gefühl heraus, die ihm noch verbleibenden Kräfte für den inneren Wiederaufbau sparen zu müssen. Ebensowenig darf Deutschland, wenn ein Rechtsfrieden an der Entente scheitern sollte, sich als entehrt empfinden, wenn es einen Gewaltfrieden eingehen muß. Gefaßt und stolz muß es sich bewußt bleiben, daß seine Ehre ebensowenig damit verloren ist wie die Ehre eines einzelnen Menschen, der sich überstarken Mächten beugt. Seine Ehre soll Deutschland daransetzen, das harte Geschick sich dienstbar zu machen, innere Kraft aus der Niederlage zu ziehen, entschlossen der ungeheuren Arbeit, die vor ihm liegt, sich zuzuwenden. Die Tat Richard Dehmels, daß er sich jetzt wieder zur Front meldet, achte ich, so wie ich seine freiwillige Stellung im Herbst 1914 achtete. Aber man darf nicht vergessen, daß Dehmel den wertvollsten Teil seines Lebens hinter sich hat. Was er zu geben hatte — Wunderschönes und Wertvolles — hat er ausgegeben. Ihn hat nicht mit zwanzig Jahren ein Weltkrieg verbluten lassen.
Aber die ungezählten Tausende, die auch zu geben hatten — anderes noch als ihr junges nacktes Leben —, ist es wirklich zu verantworten, daß, als diese eben anfangen sollten, sich zu entfalten, sie in den Krieg gerissen wurden und legionenweise starben?
Es ist genug gestorben! Keiner darf mehr fallen! Ich berufe mich gegen Richard Dehmel auf einen Größeren, welcher sagte: *Saatfrüchte sollen nicht vermahlen werden.*

24. Juni 1918

Gestern bei Kapellmeister Levy zu einer Debatte gewesen. Es waren Pfemfert da, Dr. Bernstein, Oberlehrer Berger, Rechtsanwalt Fränkl. Ausgesucht häßlich und absonderlich aussehende Menschen, Pfemfert und Fränkl fanatisch, schreiend. Sehen in Sozialdemokratie, auch den Unabhängigen, eine verrottete Bande, mit der man nichts zu schaffen hat. Ziel ist der Anationalismus. Karl sprach als Sozialdemokrat, kam schwer auf gegen die anderen. Sympathisch war mir nur Bernstein.

8. Dezember 1918

Der Sonntag beginnt. Trübes nebliges Wetter. Furchtbarer Druck im Gefühl. Eben sage ich mir noch, wenn Wahl zwischen Diktatur Ebert und Diktatur Liebknecht, ich bestimmt Ebert wählen würde. Auf einmal aber fällt mir ein, was die eigentlich Revolutionären doch geleistet haben. Ohne diesen steten Druck von links hätten wir auch keine Revolution gehabt, hätten wir den ganzen Militarismus nicht abgeworfen. Die Mehrheitspartei hätte uns davon nicht erlöst. Sie wollte immer nur evolutionieren. Und die Konsequenten, die Unabhängigen, die Spartakusleute, sind auch jetzt wieder die Pioniere, sie drängen immer *vorwärts*, wie es auch liegt. Auch wenn es Blödsinn ist, auch wenn Deutschland darüber kaputt geht. Man wird sie jetzt knebeln müssen, um aus dem Chaos herauszukommen, und es besteht ein gewisses Recht dazu. Sieger werden voraussichtlich die Gemäßigten bleiben. Ich selbst würde es wünschen. Nur darf man nicht vergessen, daß die zu Knebelnden das eigentlich revolutionäre Ferment sind, ohne die wir überhaupt keine Umwälzung gehabt hätten. Daß es *tapfere* Menschen sind, die ohne weiteres sich Maschinengewehren aussetzen, daß es *hungernde* entrechtete Leute sind, die immer zu kurz gekommen sind. Daß es vor allem Leute sind, die, hätten sie damals schon die Macht von heute gehabt, den Krieg verhindert hätten. Kurz und gut, es sind die Leute des revolutionären Prinzips, dem sie mit Unentwegtheit anhängen. Natürlich haben sie faktisch Unrecht. Faktisch muß man mit den Mehrheitssozialisten gehn. Es sei denn, daß einem der gänzliche Zusammenbruch Deutschlands ganz schnuppe ist.

1. Januar 1919

Heute früh am 1. Januar glänzt ein klarer Himmel.
Auf Peters Bett fällt ein Streifen Sonne.
Los und durch! Hände angefaßt und zusammengeblieben und den Blick nach vorn.

19. Januar 1919

Wahltag. Zum erstenmal gewählt. War mit Karl zusammen. Hatte mich so sehr gefreut auf diesen Tag und nun er dran ist, von neuem Unentschlossenheit und halbes Gefühl. Mehrheitssozialisten gewählt. Nicht für die Person Scheidemann, die zuoberst auf der Liste stand. Aber für Prinzip des Mehrheitssozialismus. Meinem Gefühl nach stehe ich mehr links, kann aber nicht unabhängig wählen, schon weil der Kandidat Eichhorn ist.

20. Januar 1919

Aufsatz von Gorki in der *Republik*, der mich etwas erschüttert. Wäre ich so gläubig wie er! Und warum kann ich es nicht sein? Vielleicht liegt der Grund in dem Unterschied des slawischen und germanischen Wesens. Wenn die Slawen den asiatischen Einschlag haben, so haben wir Ostdeutschen den slawischen Einschlag, aber nur Einschlag. Es ist ein großer Rassenunterschied zwischen Tolstoi und Kant. Können Menschen, die mit Kant einer Herkunft sind, so fliegen, so stürmen wie Tolstois und Dostojewskis Landsgenossen? Ich meine wir *müssen* einen anderen Weg gehen. Wir gehen vielleicht, ja sicher, zum selben Ziel, aber auf einem anderen Weg. Aber fast beneide ich die Russen, die so unbedingt gläubig ihren großen, einfachen Weg gehen. So blind vor Gläubigkeit.
Gorki erzählt in seiner Lebensgeschichte von seiner Großmutter, wie zart und behutsam sie von der Seele sprach. Wenn Gott nach dem Tode die Seele bei sich aufnimmt: „Nun, meine Liebe, meine Reine, hast du genug geirrt und gelitten?"

12. Januar 1919

Große Demonstrationen aller Parteien geplant. Bin im Atelier und will mich auf dem Rückweg einem Zug anschließen, der für Einigung geht. Treffe keinen und fahre durch die Stadt zurück. *B. Z.* wird zum erstenmal wieder verkauft. Große Freude unter bürgerlichem Publikum über Erstürmung des Polizeipräsidiums, die heut nacht geglückt ist. Ich bin niedergeschlagen, sehr. Trotzdem ich einverstanden bin, daß Spartakus zurückgedrängt ist. Aber ich habe das beklommene Gefühl, daß die

Truppen nicht umsonst gerufen sind, daß die Reaktion marschiert. Außerdem ist diese rohe Gewaltanwendung, dies Schießen der Genossen — solcher, die es sein sollten — entsetzlich. In all diesen Tagen hat mich nur eines beglückt: das Flugblatt von Beerfelde.

16. Januar 1919

Niederträchtiger empörender Mord an Liebknecht und Luxemburg.

25. Januar 1919

Heut ist Karl Liebknecht begraben und mit ihm 38 andere Erschossene. Ich durfte eine Zeichnung nach ihm machen und ging früh nach dem Schauhause. In der Leichenhalle neben den anderen Särgen stand er aufgebahrt. Um die zerschossene Stirn rote Blumen gelegt, das Gesicht stolz, der Mund etwas geöffnet und schmerzhaft verzogen. Ein etwas verwunderter Ausdruck im Gesicht. Die Hände im Schoß übereinandergelegt, ein paar rote Blumen auf dem weißen Hemd. Es waren noch mehrere mir fremde Leute da. Karl, Hans, Stan waren mitgekommen. Stan zeichnete auch. Ich ging dann mit den Zeichnungen[9] nach Hause und versuchte, eine bessere zusammenfassende Zeichnung zu machen.
Lise ist in der Stadt gewesen, um dem Zuge zu folgen. Das ganze Innere der Stadt abgesperrt. Der gewaltige Demonstrationszug von inneren Straßen abgeleitet — überall Weiße Garde — über Moabit bis Bülowplatz gekommen. Von da sollte es weiter nach Friedrichshain. Lise ging nicht weiter mit. Vom Friedrichshain ging der Zug hinter den Särgen.
Wie kleinlich und falsch sind alle dieser Maßnahmen. Wenn Berlin — ein großer Teil Berlins — seine Gefallenen beerdigen will, so ist das keine revolutionäre Angelegenheit. Selbst zwischen den Schlachten gibt es Ruhestunden zum Bestatten der Toten. Es ist unwürdig und aufreizend, Liebknechts Gefolgschaft zum Grabe militärisch zu schikanieren. Und es ist ein Zeichen der Schwäche der Regierung, daß sie das dulden muß.

16. März 1919

Früh wieder einmal im Leichenschauhaus gewesen und einen Erschossen gezeichnet. Es war ein Russe, Schapski oder so ähnlich heißend, sie nannten ihn hier immer Leo.[10] Dann nebenan in der Morgue gewesen. Dichtes Vorbeidefilieren der Menschen an den Glasfenstern, hinter denen die nackten Leichen liegen. [...] Welche Qual, einen lieben Menschen dort suchen zu müssen und ihn zu finden!

27. Januar 1919

Der junge Robert Liebknecht war mit seinem Freund Goldstein hier. Er brachte seine Skizzenbücher. Frau Liebknecht hatte am Abend vorher mich telephonisch gebeten, dem Jungen nicht zuzureden, das Abitur zu lassen, weil der Vater wünschte, daß er das Abitur mache. Der Junge ist *sehr begabt.*
Von ungeheurem Temperament, Liebknechtschem Ungestüm, sind seine Zeichnungen. Sein Gesicht ist dem Vater ähnlich, aber jüdischer. Er macht einen nervösen, etwas gepeinigten Eindruck. Er nimmt meine Liebknecht-Zeichnungen für seine Mutter mit.

31. Januar 1919

Sezessionsgeneralversammlung. Höre von Klimsch und Gaul, daß ich in die Akademie der Künste gewählt bin. Große Ehre, aber ein bißchen peinlich für mich. Die Akademie gehört doch zu den etwas verzopften Instituten, die beiseite gebracht werden sollten. Gaul spricht ganz böse dagegen, sagt, daß unter vorigem Regime es ein machtloses und unselbständiges Institut war, daß sie jetzt ihre Selbständigkeit hat und wieder Leben kriegen wird.

31. März 1919

Soeben lese ich, daß Lehmbruck sich getötet hat, und zwar wegen Zerwürfnissen mit seiner Frau. Das ist mir kaum glaubhaft. Wie kann ein Mensch, der so an sein Werk glaubt, so ein kolossales Selbstgefühl hatte, sich wegen Zerwürfnissen mit der Frau töten? Es muß denn sein, daß er als Künstler gebrochen war. Wer kann das wissen?

4. April 1919

Lehmbrucks Begräbnis. Ein Freund und E. R. Weiß sprachen an seinem Grabe. Als Freunde und Kameraden. Die Frau jung, in hohen Stöckelschuhen, mit ratlos verweintem Gesicht, steht für sich allein.

2. Mai 1919

Erster Jurytag für Freie Sezession. Schreckliche Sachen eingeliefert. Kolbe spricht von der Zersetzungszeit, in der wir leben, daß Kunst in ihr gar nicht gedeihen *kann*. Der Gedanke von Taut und Gropius, den alle jungen Künstler jetzt haben, daß nur nach Zerstörung dieser Welt eine neue, reine, naiv schaffende entstehen wird, scheint mir mit einemmal einleuchtend.

Auch Rathenau in seinem kleinen Werk über den Kaiser spricht von der Notwendigkeit der Auflösung alles Alten. Von den Niederungen des Geschmacks, der Bildung, der Qualitäten, durch die wir durch müssen, um dann nachher in *Neuland* zu kommen.

Jedenfalls die Sinnwidrigkeit des Kunstlebens jetzt, der Ausstellungen, der Konkurrenz, der Cliquen, der krassen Gegensätze von Nichts- und Alleshaben — das alles seh' ich jetzt ganz deutlich. Heute abend war Einführung in die Akademie unter Manzel und Hänisch. Eingeführt wurden u. a.: Corinth, Kolbe, Jäckel, Geiger, ich. Barlach und Purrmann waren nicht da. Lehmbruck ist tot.

21. Mai 1919

Bin öfter in der Sezession zum Hängen gewesen. Als ich meine Sachen dort sah, neben Barlachs, wurd' ich wieder ganz verstimmt. Was hab' ich gearbeitet, und wie wenig, wie wenig Gutes hab' ich herausbekommen. Ich bin betrübt. Sehr schön ist von Kolbe ein Jünglingsakt. Von der Schönheit des Heinz Bonus. Ganz wunderbar lieblich in seiner Knabenanmut.

Am Montag mit Hans die 9. Symphonie gehört. Weingartner. Besonders das Adagio unsagbar schön. Aber die Jubelchöre des letzten Satzes passen schlecht zu dieser Zeit. (...)

Mit Hans in der Akademie-Ausstellung gewesen. Einen ganz starken Eindruck von Metzners Arbeiten gehabt. Vor allem von der Frau mit der schräg geneigten Kopfhaltung.
Das ist ganz gut.
Er hatte in seinen letzten Arbeiten zu lösen angefangen, was bis dahin immer ein Problem war. Das schematisch Dekorative fiel ab, und er fand endlich für sein Empfinden die Form. Ich wollte, ich könnte da einsetzen, wo er aufhörte.

11. September 1919

Hier in unserer Gegend in der Stadt rumgewesen, auf dem Wörther-Platz gesessen. Noch nie sind mir die Berliner Kinder, nachdem ich vom Lande kam, so welk vorgekommen. Traurige Kinder. Nein, es geht nicht anders: Die großen Städte *müssen* aufgehoben werden. Auf gesunde Kinder kommt es vor allem an.

[Brief an Sella Hasse]

17. September 1919

Liebe Frau Hasse! Ihre Karte aus Nidden brachte mir wieder in Erinnerung, daß ich Ihnen damals nicht schrieb, als ich die Nachricht von dem Tode Ihres Mannes erhielt. Ich versuchte es, aber es war mir nicht möglich. Sie kennen mich besser als mancher, mit dem ich viel umgehe, und Sie werden das verstehen können. Es ist furchtbar schwer, Worte zu finden, richtige, wahrhafte Worte, wohltuende und nicht verletzende Worte in solchen Angelegenheiten und Lagen, die ganz das Innerliche zwischen zwei Menschen berühren. Darum schwieg ich — nur darum...
Auf Ihrer Karte steht der Professorentitel — obendrauf, zum Glück nicht vor dem, was Sie mir schreiben. Bitte, lassen Sie ihn fort. Ich wollte ihn nicht annehmen, weil ich gegen alle Titel bin, aber alle möglichen Postverspätungen (ich war verreist, als die Sache schwebte) fügten es so, daß ich zu guter Letzt einen Widerruf nur mit großem Trara hätte anstellen können, und dazu ist die ganze Sache zu unwichtig.
Wenn Sie wieder über Berlin kommen, bitte kommen Sie auch wieder zu mir. Herzliche Grüße Ihre

Käthe Kollwitz

Dezember 1919

Kein Mensch kann sich ein Bild davon machen, *wie schwer ich arbeite.* Als ob ich eine Schlagberührung gehabt hätte. Der Weg ist mir durch ungezählte Hemmnisse verrammelt und versperrt, und so mühsam ist das Weiterkommen. Ganz ähnlich muß es bei Konrad sein. Das ist ein Erbteil vom Vater. Die Plastik hab' ich schon wieder beiseite gestellt und von neuem den Liebknecht-Steindruck vorgenommen. Schrittchen für Schrittchen muß ich vorwärts durch Gestrüpp. Wie früher ein flottes, ungehemmtes Arbeiten kenn' ich gar nicht mehr.

5. Januar 1920

Ich habe wieder ein Plakat zu machen übernommen für eine große Hilfsaktion für Wien.[11] Ich hoffe, es machen zu können, weiß aber nicht, ob ich es durchführen werde, weil es rasch gemacht werden soll und mir sehr nach einer Grippe zumute ist. Ich will den Tod machen. Wie er die Hungerpeitsche schwingt und tief gebückt, schreiend und stöhnend die Menschen — Frauen — Kinder — Männer — an ihm vorbeiziehen.

Während ich zeichnete und die Angst der Kinder mich mitweinen machte, hatte ich so recht das Gefühl der Last, die ich trage. Ich fühlte, daß ich mich doch nicht entziehen dürfte der Aufgabe, Anwalt zu sein. *Ich soll* das Leiden der Menschen, das nie ein Ende nimmt, das jetzt bergegroß ist, aussprechen. Ich habe den Auftrag, aber er ist gar nicht leicht zu erfüllen. Man sagt, daß man sich durch die Arbeit erleichtert. Aber ist das eine Erleichterung, wenn trotz meines Plakates täglich Menschen in Wien Hungers sterben? Wenn ich das weiß? Fühlte ich mich erleichtert, als ich die Kriegsblätter zeichnete und wußte, daß der Krieg weiterraste? Sicher nicht. Nur bei einer Arbeit habe ich Stille und Erleichterung empfunden: bei Peters großer Arbeit. Da hatte ich Frieden und war bei ihm.

13. März 1920

Nun hat die Gegenrevolution eingesetzt. Heut früh sind königstreue Truppen mit schwarz-weiß-roten Fahnen von Döberitz eingezogen. Die Regierung ist flüchtig, die öffentlichen Gebäude besetzt, *Vorwärts* und *Freiheit* verboten.

Auf den Straßen stehn die Leute in Rudeln zusammen, jeder ist wie verdonnert.
Wie wird's nun werden?
Wieder der März, der unruhige Monat!

17. März 1920

Heut der dritte Tag des Generalstreiks. Berlin ist ganz abgeschnitten. In den westlichen Teilen gibt es infolge der Technischen Nothilfe (Schüler, Studenten) elektrisches Licht. Bei uns ist es nachts *ganz* dunkel. Eine Dunkelheit wie auf dem Lande. Samtschwarz. Merkwürdig aber, zugleich die schallenden Schritte der Menschen auf dem Asphalt zu hören. In der eigentlichen Nacht ist es dann zugleich still und dunkel.

Erster Ostertag 1920

Ich lese auf der Fahrt die Leninsche Broschüre über kommunistische Samstage[12]. Hinreißend.

1. Mai 1920

Kühles, reines, windig-sonniges Wetter. Weltfeiertag! Wenn man dies Wort spricht, fühlt man sich erhöht.
Ein selbstgeschaffener, auf der ganzen Erde gefeierter Festtag, das ist der 1. Mai. Noch ein Kampftag, aber daneben ein Freudentag, ein Frühlingstag, ein Völkerversöhnungstag. Und so schön, daß die Maifeier bis in heidnische Zeiten zurückreicht.
Ich ging nach dem Exerzierplatz, wo die KPD sich versammeln sollte. Es waren aber so wenige Menschen dort, daß ich nach der Schwedter Straße ging zu der KAPD. Da sprach ein junger Mensch. Der 1. Mai sei kein Freudentag, sondern Tag des Gedächtnisses, des Schwurs, des Kampfes. Proletarier sein und diese Zeit durchleben in der festen gläubigen Erwartung des kommunistischen Reiches, wissen, daß die eigene Person mitgezählt und mit nötig ist, daß muß ein gewaltiges Kraftgefühl geben. Jeder Sozialist hat es ja in gewissem Grade, aber die Mehrheitssozialisten mit dem Gedanken der schrittweisen Wandlung der Verhältnisse in den Sozialismus haben etwas Abgeblaßtes gegen die Unabhängigen und vor allem gegen die

Kommunisten, die entschlossen sind, mit *allen* Mitteln zu arbeiten und die den gewaltsamen Umschwung aus dem Kapitalismus in den Kommunismus zu jeder Zeit erwarten.

Oktober 1920

(...) Ich schäme mich, daß ich noch immer nicht Partei nehme und vermute fast, wenn ich erkläre, keiner Partei anzugehören, daß der eigentliche Grund dazu Feigheit ist. Eigentlich bin ich nämlich gar nicht revolutionär, sondern evolutionär. Weil man mich aber als Künstlerin des Proletariats und der Revolution preist und mich immer fester in die Rolle schiebt, so scheue ich mich, diese Rolle nicht weiter zu spielen. Ich *war* revolutionär. Mein Kindheits- und Jugendtraum war Revolution und Barrikade. Wäre ich jetzt jung, so wäre ich sicher Kommunistin. Es reißt auch jetzt noch mich etwas nach der Seite, aber ich bin in den fünfziger Jahren, ich hab' den Krieg durchlebt und Peter und die tausend andern Jungen hinsterben sehn, ich bin entsetzt und erschüttert von all dem Haß, der in der Welt ist, ich sehne mich nach dem Sozialismus, der die Menschen *leben* läßt und finde, von Morden, Lügen, Verderben, Entstellen, kurzum allem Teuflischen, hat die Erde jetzt *genug* gesehn. Das Kommunistenreich, das sich darauf aufbaut, kann nicht Gottes Werk sein.
Man hätte mich eben ganz in aller Stille lassen sollen. Man kann ja auch von einem Künstler, der noch dazu eine Frau ist, nicht erwarten, daß er sich in diesen wahnsinnig komplizierten Verhältnissen zurechtfindet. *Ich hab' als Künstler das Recht, aus allem den Gefühlsgehalt herauszuziehen, auf mich wirken zu lassen und nach außen zu stellen.* So hab' ich auch das Recht, den Abschied der Arbeiterschaft von Liebknecht darzustellen, ja, den Arbeitern zu dedizieren, ohne dabei politisch Liebknecht zu folgen. Oder nicht?! Von einem Mann würde man wohl mehr Konsequenz verlangen. In einer Besprechung der *Roten Fahne* ist auch darauf hingewiesen, daß meine revolutionäre Zeit schon lang zurückliegt.

28. Juni 1921

Mit Karl zusammen im Großen Schauspielhaus *Die Weber* gesehn. Aufpeitschende Wirkung der Massenszenen. *Jäger soll rauskommen! Jäger soll rauskommen! Hölz soll rauskommen!*

Etwas von dem Gefühl, wie damals, als ich zum erstenmal die „Weber" sah, kam über mich. Von dem Gefühl, das die Weber treibt, das Auge um Auge, Zahn um Zahn, das Gefühl, das ich damals hatte, als ich die Weber machte. Meine Weber. Inzwischen hab' ich eine Revolution mit durchgemacht und hab' mich davon überzeugt, daß ich kein Revolutionär bin. Mein Kindertraum, auf Barrikaden zu fallen, wird schwerlich in Erfüllung gehen, weil ich schwerlich auf eine Barrikade gehen würde, seitdem ich in Wirklichkeit weiß, wie es da ist. So weiß ich jetzt, in was für einer Illusion ich die ganzen Jahre gelebt habe, glaubte, Revolutionär zu sein und war nur Evolutionär, ja, mitunter weiß ich nicht, ob ich überhaupt Sozialist bin, ob ich nicht vielmehr Demokrat bin. Wie gut es ist, wenn die Wirklichkeit einen auf Herz und Nieren prüft und einen ohne Beschönigung an die Stelle stellt, die man aus seiner Illusion heraus nie für die richtige nahm. Mit Konrad ist es, glaub' ich, etwas Ähnliches. Ja, er — auch ich — wäre wohl fähig gewesen, revolutionär zu handeln, wenn die wirkliche Revolution das Gesicht gehabt hätte, das wir an ihr erwarteten. Da sie aber eine höchst irdische, schlackenhafte, unideale Erscheinung in Wirklichkeit zeigt — jede wohl zeigen muß —, haben wir genug von ihr.
Kommt aber ein Künstler wie Hauptmann und zeigt uns Revolution in künstlerischer Verklärung, so fühlen wir uns auch wieder als Revolutionäre, verfallen in die alte Täuschung.

12. September 1921

Die Russenhilfe. Arbeite mit den Kommunisten mit gegen den fürchterlichen Hunger in Rußland. Bin dadurch wieder ins Politische hineingezogen ganz gegen meinen Willen.
Hab' ein Plakat gemacht: einen zusammenbrechenden Mann, dem sich helfende Hände entgegenstrecken.[13] Es ist gut — Gott sei Dank.

9. November 1921

Auf dem Hinweg etwas Drolliges. Ein Trüppchen Kommunistenkinder zog durch die Weißenburger Straße, voran ein Banner, von einem Knirps getragen „Wir fordern Freiheit auf allen Spielplätzen". Dazu sangen die dünnen Kinderstimmchen die Marseillaise: „Nicht zählen wir den Feind, nicht die Gefahren all."

31. März 1920

Erster Jurytag. Kolbe, Mosson, Scheibe, Schmidt-Rottluff, Pechstein, Heckel. Sehr gute Beschickung. Viel interessante und gute Sachen. In der Mehrzahl ultramodern. Aber meine Augen haben sich sehr gewöhnt, ich kann mit vielem mit, was ich früher gar nicht verstanden hätte.
Gemeinsames Mittagessen. Ich zahle dreißig Mark, die anderen ohne weiteres für ihr Essen fünfzig Mark. Was sind das bloß für blödsinnige Preise.
Bei aller Anstrengung doch wieder ziemlich verkaternd für mich. Mein eigenes Arbeiten kommt mir so langweilig und so eingetrocknet vor.

4. Juni 1920

Bei E. R. in der Heilanstalt gewesen. Fand sie zum Erbarmen, mager, demütig, leise sprechend, eigentlich ganz gebrochen. Suchte gleich noch R. auf. Er gab mir zu, daß sie da nicht bleiben könnte, sagte, er würde heut hin, sie da fortnehmen, in eine andere — offene — Anstalt geben und eine geeignete Wärterin suchen, die mit ihr lebt. Wenn es nur geschieht und *bald* geschieht. Da geht die Ehe zugrunde. Grauenhaft, grauenhaft muß es sein, wenn man noch soweit wie E. seinen Verstand zusammen hat, gewaltsam in einer Irrenanstalt gehalten zu werden!
Dieses: *Was* man auch tut, *was* man auch sagt, *wie* man auch blickt, Personen gegenüberzustehn, die unbeirrt und unbelehrbar den Irren in einem sehn, Personen, die immer gleichmütig bleiben, nie aus der Haut fahren, die immer auf alles mit dem larvenhaften unbeseelten stereotypen vorschriftsmäßigen glatten Lächeln der Irrenwärter antworten. Die immer *da* sind, wenn man sie auch vorher nicht gesehn hat, mit ihrer unerträglichen Freundlichkeit, für die man sie ins Gesicht schlagen möchte. Überhaupt, wer gibt einem Menschen das Recht, einen Paranoiker, der nicht bösartig und gemeingefährlich ist, ins Irrenhaus zu sperren? Ich finde das unerhört.

Boshafte Menschen, die dauernd vom Klatsch und Verleumdung leben, die ihre Kinder und Angestellten plagen und prügeln, bleiben unbehelligt, und Menschen, die fixe Ideen haben, mit denen sie ihre Umgebung plagen — aber nichts Verbrecherisches tun — dürfen, wenn zwei Ärzte sagen, daß sie Paranoiker sind, lebenslänglich mit Irren eingesperrt werden.

25. Juni 1920

Gestern mit Professor Kern in den Sezessionen gewesen und in der großen Ausstellung, um ein Blatt für den Kunstverein auszusuchen. Da sah ich etwas, was mich ganz umschmiß: das waren Barlachsche Holzschnitte.[14]

Heute habe ich meine Steindrucke wieder angesehen und habe wieder gesehen, daß sie fast alle nicht gut sind. Barlach hat seinen Weg gefunden, und ich habe ihn noch nicht gefunden.

Radieren kann ich nicht mehr, damit ist es ein für allemal fertig. Und beim Steindruck sind die Unzulänglichkeiten des Umdruckpapieres. Steine werden einem nur noch gegen viel Geld und Bitten ins Atelier gebracht, und auch auf Steinen kriege ich es nicht gut 'raus. Ich verkriech' mich immer hinter den vielen Hindernissen, und wie ich Barlach sah, ging es mir blitzartig auf, daß es vielleicht gar nicht das ist. Warum aber soll ich nicht mehr können? Die Vorbedingungen zu künstlerischen Arbeiten wären doch gegeben, zum Beispiel zu der Kriegsfolge. Erstens einmal starkes Gefühl — die Sachen kommen aus dem Herzen — und zweitens Fußen auf der Basis meiner bisherigen Arbeiten, also auf einem ziemlichen Fundament von Können.

Und doch sind die Blätter nicht rein künstlerisch. Woran liegt das? Soll ich wirklich wie Barlach einen ganz neuen Versuch machen und mit Holzschnitt beginnen? Wenn ich mir das überlege, sagte ich mir bis jetzt immer, Steinzeichnung wäre für mich das Gegebene aus klar einleuchtenden Gründen.

Ich will doch nicht im Holzschnitt das mitmachen, was jetzt Mode ist, die Fleckenwirkung. Mir kommt es nur darauf an, auszudrücken, und da sagte ich mir, daß die einfache Linie des Steindruckes am besten dafür geeignet ist. Aber das Resultat meiner Arbeiten hat mich, ausgenommen bei dem Blatt „Mütter“[15], nie befriedigt.

Seit Jahren quäl' ich mich. Ganz abgesehen von der Plastik. Erst begann ich die Kriegsfolge als Radierungen. War nichts. Ließ alles liegen. Dann versuchte ich es mit Umdrucken. Auch da fast nie befriedigende Resultate. Ob der Holzschnitt es bringt? Wenn der auch nicht, dann habe ich den Beweis, daß es nur in mir liegt. Dann kann ich eben nicht mehr. In all den Jahren Quälerei diese kleinen Oasen Freuden und Gelingen.

11. Juli 1920

Mein erster Holzschnitt[16] ist einigermaßen geglückt. Jetzt arbeite ich mit neuen Hoffnungen die Vorarbeiten zum Liebknecht-Holzschnitt.[17]

Neujahr 1921

Was meine Arbeit anbetrifft, so war dies Jahr noch immer ertragreicher als ich fürchtete. Daß doch so wenig zu besehn ist, lag daran, daß ich viel Zeit mit Suchen nach meiner Technik verlor. Die Kriegsblätter, die eigentlich als Zeichnungen gelöst waren, scheiterten immer als Steindruck. Erst im Herbst entschied ich mich für Holzschnitt, und damit scheint mir eine Tür aufgestoßen zu sein. Das Liebknecht-Blatt ist, wie die es gesehen haben mir sagen, geglückt. Nun heißt es, mit ruhigen Nerven den Weg weitergehn. Ich ahne und hoffe, daß da noch eine neue Entwicklung liegt. Nur gesund bleiben, bis ich gemacht habe, was ich noch durchaus machen möchte.

6. Februar 1921

Ich arbeite den Kriegszyklus[18] im Holzschnitt und habe jetzt die „Freiwilligen" vor. Wenigstens *eine* Gedenkarbeit wär' das für die Jungen, wenn ich die große Arbeit schon nicht fertigbringen sollte. Ich will bis zur Akademie-Ausstellung machen die Freiwilligen — die Eltern — die Witwe — die Frau im Wasser und vielleicht noch einmal die Mutter in der neuen Fassung.

[Ansprache zur Beisetzung von Max Klinger]

8. Juli 1920[19]

Die Freie Sezession, deren Ehrenmitglied Max Klinger lange Jahre hindurch gewesen ist, schickt durch mich einen letzten Gruß. Mich aber drängt es, an dieser Stelle für meine eigene Person dem toten Meister meinen Dank zu sagen. Was mir Max Klinger in meiner Jugend gewesen ist, ist schwer in Worte zu fassen. Es war ein ganz großes Erleben, als ich die Radierungen von Klinger kennenlernte. Und wie mir ging es vielen tausend anderen. Wir jungen Leute drängten uns zu den Kupferstichkabinetten in München, in Berlin, um Klingers Radierungen zu sehen. Was uns fortriß, was wir liebten in diesen Blättern, war nicht die technische Meisterschaft. Der ungeheure Lebensdrang, die Energie des Ausdrucks waren es, was uns daran packte. Wir wußten: Max Klinger bleibt nicht an der Oberfläche der Dinge haften, er dringt in die dunkle Lebenstiefe. In diesen Blättern brauste und tönte es, wie in dem Blatt aus der Brahmsphantasie, wo eine ungeheure Musik einem entgegentönt. Alle Register des Lebens zog er auf, das gewaltige herrliche und traurige Leben faßte er und deutete es uns. Dafür danken wir dir, Max Klinger.

8. Juli 1920

Mein Geburtstag, zugleich der Begräbnistag Max Klingers. Ich fahre am 8. früh im Auftrag der Freien Sezession herüber. Karl begleitet mich. Von Naumburg nach Großjena gegangen, wo Klinger seinen Weinberg hat. Oben auf der Höhe ist sein Grab gegraben. Der Sarg steht in seinem Landhaus. Alle möglichen Honoratioren versammeln sich, aber ich glaubte, es würde noch mehr Volk, noch mehr junge Leute dasein. In der Stube im Souterrain, wo Klinger sicher viel gesessen und getrunken hat, sitzen die, die reden wollen. Ich werde hingeführt. Der alte Kalckreuth setzt sich zu mir. Klingers Tod hat ihn erschüttert, er glaubte ihn gesund, wollte ihn grad besuchen. Er liebte Klinger von Herzen als alten treuen Freund.

An seinem Grab Reden von Leipziger und Dresdener Abgesandten. Als vierter sprach ich. Zu meiner Freude hatte ich keine Angst und Befangenheit. Drüben am Grab stand Kalckreuth, ich sprach auch zu ihm. Ich dankte Klinger ganz von Herzen, denn ich hab' ihm *viel* zu danken. Kurz vor dem

Begräbnis ein schweres Unwetter. Auch an seinem Tode soll ein ebensolches gewesen sein.
Der Karl sagte mir, als ich gesprochen hatte und zurücktrat: „Du bist ein ganzer Kerl." Diese Worte freuen mich sehr.
Am Tage darauf im Dom gewesen. *Wundervoll* die alten Figuren im Chor, in dem andern Teil der Kirche die köstlichen alten Glasfenster. Karl und ich kamen jeder für sich zu demselben Schluß: Keine Zeit bringt die Einheitlichkeit des katholischen Glaubens wieder. Eine Einheitlichkeit, die über die Völkergrenzen hinausgehend ganz Europa umfaßte. Aus diesem einheitlichen starken Glauben heraus entstanden die Kirchen. In ihnen faßte das Volk die Inhalte aller Künste zusammen, die Künste waren eine Einheit, wie sie es auch in den Religionsstätten früherer Völker waren. Mit dem Verfall der Religionen verfällt dieser Zusammenhang, so daß wir zuletzt in unserm Jahrhundert in der bildenden Kunst zu dem öden Ausstellungswesen herunterkommen. Wiederkommen kann eine Zeit solcher Einheitlichkeit nur durch den Sozialismus. Sie kommt sicher durch ihn wieder — aber wann? Wie viele Generationen werden noch darüber vergehn?

April 1921

Tief. Tief. Tiefstand. — Ich hoffte, ich würde noch so durchkommen. Mit den Holzschnitten fertigwerden bis zur Jury, dann Jury — dann eine Woche ausruhen in Neuruppin, und dann könnte es wieder weitergehen. Aber nein. Schon letzte Zeit schlechtes Arbeiten und nicht mehr gut sehen können. Dann war ich krankheitsreif und wurde krank und zugleich ein Zusammenrutschen und Abfallen, wie ich es so gründlich lange nicht mehr erlebt habe. Jetzt ekelt mich meine Arbeit so, daß ich sie nicht sehn kann. Zugleich ein Versagen des ganzen Menschen. Ich liebe nicht mehr den Karl, nicht die Mutter, kaum die Kinder. Ich bin dumm und ohne Gedanken. Ich sehe nur Unerfreuliches. Die Frühlingstage gehen vorüber, ich bin stumpf. Eine Müdigkeit im ganzen Körper und eine die anderen lähmende Unliebenswürdigkeit. Wie tief ein solcher Zustand ist, merkt man erst, wenn man anfängt, sich aus ihm zu heben. Ein schlimmes Symptom ist dieses: nicht nur eine Sache nicht zu Ende zu denken, sondern auch ein Gefühl nicht zu Ende fühlen. Sobald es aufsteigt, ist es, als ob man eine Handvoll Asche 'raufwirft, gleich lischt es aus. Gefühle, die einem früher nahkamen, stehn wie hinter dicken, blinden Fensterscheiben, die müde Seele versucht gar nicht erst zu fühlen, weil es anstrengt. Also ein Nichts ist in mir, weder Gedanken noch Gefühle, keine Aufforderung zum Tun, keine Stellungnahme. Der Karl fühlt mich fremd — es ist mir alles gleichgültig.

Gestern im Theater „Die echten Sedemunds" von Barlach gesehen. Ein tiefneidisches Empfinden, daß Barlach soviel stärker und tiefer ist als ich bin.

Etwas Schönes hab' ich erlebt in diesen stumpfen toten Wochen. Das war noch, bevor ich krank wurde. Ich sah im Tiergarten ein Kindermädchen mit zwei Kindern. Das ältere Jungchen, zweieinhalb Jahre, war das sensibelste Kind, das ich je gesehen habe. Wie auch das Mädchen sagte: wie ein kleiner Vogel. Sie mochte ihn deshalb nicht. Aber das Jungchen war ganz lieblich. Auf dem kleinen Gesichtchen und in dem schmalen Körperchen spiegelten sich ununterbrochen die Eindrücke von außen. Viel Furcht, Beklommenheit, Hoffnung, Freude bis zur Seligkeit; dann sofort wieder Angst usw. Wie ein Schmetterling, dessen Flügel dauernd beben. Rührender, schutzbedürftiger, liebebedürftiger, ergreifender, hilfloser habe ich nie ein Kindchen gesehen.

Die deprimierte Stimmung hält an. Hab' heut meine Sachen in die Akademie-Ausstellung gebracht, schäme mich aber über sie. Es ist das Wien-Plakat, die nachdenkende Frau,[20] der Liebknecht-Schnitt, der Schnitt für E. R. und die Liebknecht-Zeichnung, auch ein Selbstbild. Wenn ich nur *ein* anerkennendes Wort von Liebermann oder einem andern hörte. Ich selbst *weiß*, daß sie nicht ganz gut sind. Sie sind teils gut. Dies Schweigen ist scheußlich. Die Arbeiten würden nicht besser dadurch, daß Liebermann sagte, sie seien gut, aber ich bin so empfindlich, so nervös, daß es mich peinigt.

Gaul soll todkrank sein.

Ich hänge neben Corinth. Der kann auch nicht mehr. Sein Motto ist: „... als ich kann." Das ist meines auch. Aber es ist schlimm, zu fühlen, daß das Äußerste, was man aufbringen kann an Kraft, so wenig gegen früher ist. Seine Landschaften sind übrigens noch sehr schön und haben Kraft.

Lederer erzählte neulich vom jungen Barlach. Der ist vom früher glatt Eleganten allmählich gewandelt in den Einsiedler und Grübler. Den bewundere ich und beneide ich. Der hat keine Aderverkalkung wie ich oder der liebe arme Konrad. Ein *wenig* fängt es an, in mir wieder zu leben. Nicht mehr ganz das gleiche Ekelgefühl, wenn ich an Arbeit denke. [...]

23. Oktober 1921

Heute am 23. Oktober ist Gauls 53. Geburtstag. Gestern haben wir ihn begraben auf dem Dorffriedhof in Dahlem. Auf dem Sarg lag ein vergoldeter Lorbeerkranz und Blumen von seiner Frau und den drei Kindern. Unten herum Kränze von den leuchtendsten Herbstblumen. Am Sarge sprach Liebermann, warm, als Freund. Besser noch sprach Scheffler am offenen Grabe. Ich stand neben Barlach, und der sagte, er wäre vor kurzem noch bei Gaul gewesen. Und es wäre erschütternd für ihn gewesen, wie er da im Atelier zwischen all den Arbeiten vor der großen unvollendeten des Menschenaffen gesessen hätte: unfähig, eine Hand zu heben, hätte er mit den Augen gearbeitet.
Du lieber August Gaul, ich habe dich sehr, sehr gern gehabt. Von all den Künstlern, mit denen ich seit 25 Jahren in Verbindung bin, warst du mir lieb wie ein Freund. Immer gut zu mir. Ein so freundliches Licht wie aus deinen Augen kam, hab' ich selten bei anderen gesehen. Bescheiden, gut und so liebevoll freundlich warst du wie der Franz von Assisi.

7. Oktober 1922

In der Akademie die Gaul-Gedächtnis-Ausstellung eröffnet. Vorn steht der unvollendete Affe. Im Mittelsaal sprach Liebermann gut und klug und warm. „Er konnte, was er *wollte*, und *er wollte, was er konnte.*" Dies scheint mir das Wichtigste zu sein. Wenn man mehr will, als man kann, ist es Dilettantismus. Lieber August Gaul — mit Deinem schalkhaften Lachen und Deinen *guten* Augen.

Anfang Februar 1922

Mit Tilla in *Masse Mensch* gewesen. Es hat mich sehr ergriffen. Wie drückt er alles aus, was man bis zur Quälerei in sich hin- und hergewälzt hat. Zum Schluß: *Opfern darf man nur sich selbst.*

Die verkrampfte, verkettete Arbeitermasse, auf die das Maschinengewehrfeuer losgelassen wird und die die Marseillaise singt, brüllt, rast — das ist zum Tollwerden.

6. Februar 1922

Heute ist der 6. Februar, unseres Peters Geburtstag. Heute wäre er 26 Jahre alt geworden.

Ich wollte an die Arbeit gehen vormittags, aber es war mit der Untergrundbahn kein Mitkommen. Da fiel mir ein, ins Kaiser-Friedrich-Museum zu gehen. Das war eine schöne und feierliche Stunde. Da war er mir wieder nah. Ich sah einen wunderschönen Filippo Lippi — Mantegna — von der Goes und ein unbekanntes Bild um 1440: die Dreifaltigkeit. Rechts sieht man die Begegnung der Maria und Elisabeth.[21] Sie stehen sich in weiten Mänteln, die das Ganze in eine Gruppe zusammenfassen, gegenüber, öffnen die Mäntel, und in den hohen Leibern sieht man die kommenden Kinder Jesus und Johannes. Die Gesichter sind ernst und weihevoll.

Wie schön war das alles. Es hob weg über die politische Tagesmisere. Ich war wieder in Florenz, im Franziskaner Kloster mit den alten Fresken. Ich sah die himmlische Landschaft, fühlte die Luft, hatte eine Sehnsucht, Sehnsucht weg aus der Gegenwart in eine Vergangenheit zurück, in der ich mit Wonne und Fülle lebte. Da war auch der Peter. In dieser Stunde hätte ich auch gut arbeiten können. Jetzt ist das Leben wirklich nicht leicht. Körperlich nicht leicht und seelisch ebenso schwer. Manchmal, wenn ich betend seufze: „Gib mir, o Gott, einen neuen gewissen Geist", weiß ich ja doch so gut, daß dazu ein neuer und gewisser Korper gehört, und der ist nun einmal hin.

30. April 1922

[. . .] Seitdem ich Holz schneide, lockt da vieles. Vor allem aber habe ich Angst vor der Plastik. Sie ist wohl nicht eroberbar für mich, ich bin zu alt dazu, um sie wirklich noch zu bewältigen. Nicht ganz unmöglich, daß ich von der Holzschnitt-Technik allmählich zum Holzschneiden kommen könnte. Doch ist das noch ganz nebelhaft. Die im Kreis stehenden Mütter, die ihre Kinder verteidigen, als Rundplastik.[22]

21. März 1922

Romain Rolland hat einen offenen Brief an Barbusse geschrieben, der sehr gut ist. Er lehnt jeden Terrorismus ab. Wenn die Menschen wie glatte Tafeln wären, sagt er, von denen man alles wieder abwaschen könnte, und sie wären so blank und sauber wie vorher, dann ließe sich noch darüber reden. Aber jeder Terrorismus verschlechtert die Menschen, und gerade in so aufgeregten Zeiten sind sie am beeindruckbarsten. Was hilft es, bessere Zustände zu bekommen mit verschlechterten Menschen? Der Zweck heilige die Mittel, wäre ein falscher Standpunkt, gerade auf die Mittel komme es an, sie seien imstande, auch den besten Zweck ins Schlechte zu verkehren.

Mai 1922

Ging zur Wittekind herauf und fand sie Strümpfe stopfend neben ihrem Mittag, das auf Gas kochte. Zeigte mir ihre Arbeiten, in denen sie anfängt zur Natur zurückzugehn. Vielleicht gehört sie zu den wenigen jungen Frauen, die wirklich allein für sich leben können. Ich meine nicht ohne Männer. Aber so, daß sie nicht ihr Zentrum in den Männern haben. Die meisten Frauen empfangen eigentlich erst ihr Leben durch die Männer, bilden es sich wenigstens ein, treten in die Ehe und sind nun fest. Hedwig Wittekind bringt es vielleicht fertig, frei zu bleiben. Künstlerin, niemand brauchend, Bohemien durch Anlage. Das ist nur Mädchen möglich, die nicht sehr sinnlich sind. Diese — auch ich gehörte dazu — werden beherrscht durch ihr Geschlecht. Hätte ich nicht Karl geheiratet und wäre damit eine mich oft beengende, aber im ganzen glückliche und gesunde Einkapselung des Geschlechtstriebs vorgenommen — so hätte ich meine Ledigkeit wohl schlecht benutzt (...)
Wittekind wird aber — selbst wenn sie ein Kind hat — in der Hauptsache künstlerisch, arbeitender Mensch bleiben. Unbekümmert um das Gerede, wie sie jetzt Modell steht, würde sie leben wie sie möchte. Früher meinte ich, die Mädchen könnten das eine Zeit durch, nachher, wenn sie altern, bieten sie ein klägliches Bild. Auch das glaub' ich nicht mehr. Dieser neue Mädchentyp ist sehr anziehend. Daß aus Mädchen bis zur heutigen Erfahrung kein Genie hervorgegangen ist, ist mir jetzt auch gleichgültig. Nicht nur Genies haben das Recht, sich

so eingängerisch zu benehmen. Wo gibt es denn jetzt unter den Malern ein Genie? Auch die männlichen Künstler können froh sein, achtungswerte Leistungen hervorzubringen, gute Künstler — Handwerker zu sein. Das können Frauen auch.

14. Mai 1922

Die Hilde Sch.-F. geht noch den Weg, wie ich ihn gegangen bin. Sie heiratete standesamtlich, bekommt zwei Kinder, hat Pflichten und Sorgen und Mühen und sieht, wie sie daneben das Künstlerische retten kann. Vielleicht hätte sie ein Leben, wie Wittekind es wählte, gar nicht führen können. Ich hätte es meiner Meinung nach wohl führen können, nur glaub' ich eben, ich wär' gescheitert durch meine kritiklose, leicht erregte Sinnlichkeit. Wittekind, sagt, sie braucht Menschen nicht, vielleicht ist es bei ihr wirklich wahr.

November 1922

Am Totenfest waren Karl und ich zusammen in der Reichstagsfeier für die Weltkriegsgefallenen. In solchen Augenblikken, wenn ich mich mitarbeiten weiß in einer internationalen Gemeinschaft gegen den Krieg, hab' ich ein warmes, durchströmendes und befriedigendes Gefühl. Freilich reine Kunst, in dem Sinne wie zum Beispiel die Schmidt-Rottluffsche, ist meine nicht. Aber Kunst doch. Jeder arbeitet wie er kann. Ich bin einverstanden damit, daß meine Kunst *Zwecke* hat. *Ich will wirken* in dieser Zeit, in der die Menschen so ratlos und hilfsbedürftig sind. Viele fühlen jetzt die Verpflichtung, wirken und helfen zu wollen, aber mein Weg ist klar und einleuchtend; andere gehen unklare Wege. Plivier zum Beispiel. Im Frühjahr will er losgehen, wandern und predigen. Er will die *Tat* predigen, aber die innerliche Tat. Abwendung vom Leben in seinen veralteten, schlecht bewährten Formen, Bodenbereinigung einem neuen, geistig befreiten Leben. Dann all die Gemeinden, die einen neuen Erotismus predigen („religiöse Bohème"). Das erinnert schon an die Wiedertäufer, an die Zeiten, in denen — wie jetzt — die Weltwende ausgerufen wird und das tausendjährige Reich als vor der Tür stehend verkündet. Gegenüber all diesen Phantasten kommt mir mein Tun klar vor. Ich wünschte schon, ich könnte noch lange Jahre so arbeiten.

30. Dezember 1922

Das Jahr endigt bedrückt. Deutschlands Zustand ist schlecht, von außen eingeklemmt und gebunden, innen faulig zerrissen, zerfahren. Der geistige Mittelstand wird aufgerieben, kulturelle Verarmung. [...]

August 1923

Ich habe das Plakat „Nie wieder Krieg!"[23] für den Internationalen Gewerkschaftsbund und das kleine Plakat gegen den Abtreibungs-Paragraphen[24], das die Kommunisten bei mir bestellt haben, fertig gemacht. Beide sind einigermaßen gut geworden, und ich habe das befriedigte Gefühl, versprochene Arbeit geleistet zu haben. Sehr hatte ich gehofft, in dieser Zeit auch noch die dem Elias versprochene, für das Propyläenwerk bestimmte Graphik und Zeichnung zu machen, aber ich fürchte, es stockt bereits wieder. Und dann diese Stunden — Tage der Besessenheit von *einem* Gedanken, *einem* Gefühl. Ich merke deutlich, daß das pathologisch ist, aber ich bringe es nicht fertig, mich dagegen zu wehren. Einflüsse von außen zerreißen dieses Band der Melancholie mitunter, fehlen aber solche Einflüsse, so lastet fast körperlich ein solcher Druck auf mir. Er kommt unter verschiedener Einkleidung. Jetzt ist es — so kläglich es ist, das einzugestehn — die Eifersucht, die mich peinigt. Eifersucht oder auch Neid, Wehmut, gedemütigtes Gefühl, weil, was so selbstverständlich ist, neben der unverrückbaren Liebe, die Karl für mich hat, er noch ein junges frisches Gefühl hat für einen jungen frischen Menschen. Glücklich, daß er es hat! Aber ich melancholischer Mensch wälze alle Möglichkeiten Tag und Nacht in mir, sehe neue Verkettungen und Schmerzen und bin gequält. Nicht immer, es kommen Zeiten, wo das alles abfällt von mir, aber dann kriegt es mich wieder unter und quält und quält.

[Brief an Beate Bonus-Jeep]

[1923]

[...] Hör zu, was jetzt alles zusammenkommt: Ende März beginnt die Jury für die Akademie-Ausstellung, in welcher ich bin. Bis dahin ist folgendes zu machen: Erstens mal ein großes Plakat für den Internationalen Gewerkschaftsbund in Amsterdam. Der wittert alle neuen schreckensvollen Kriegsmöglichkeiten und will eine Gegenpropaganda machen. Große Plakate, die sinnfällig die Kriegsfolgen vor Augen führen, werden in vierzehn europäischen Ländern verbreitet. Das erste Plakat hat Steinlen[25] gearbeitet, das zweite soll ich machen. Da kannst Du Dir denken, wie ganz und gar ich dabei bin, das zu machen. Zuerst wollte ich es so machen: auf den großen weißen Plakatbogen in einen schwarzen Klumpen zusammengedrängt wie Tiere, die ihre Brut verteidigen, Frauen, die ihre Kinder schützen. Als Text sollte darunter stehen: Wir haben unsere Kinder nicht zum Kriege geboren. — Aber die Amsterdamer Leute wollen durchaus einen Entwurf haben, der die Überlebenden zeigt, und so will ich es denn auch jetzt machen. Eltern, Witwen, Blinde, um sie herum die Kinder mit ihren angstvoll fragenden, ratlosen Augen und den blassen Gesichtern. [...]

November 1922

Herr Böttger vom Verlag Emil Richter teilt mir heute mit, daß bei einer Auktion die Carmagnole[26] auf 90000,– M hochgetrieben ist. So werden meine Blätter Spekulationsobjekte.

13. September 1925

Nein, die Depression verzieht sich wieder. Mancherlei kommt zusammen, um hochgespannte Stimmung zu erklären: Die noch in der Möglichkeit liegende indische Reise und dies vorbereitende Englischlernen, das Fertigstellen und Zufriedensein mit dem Triptychon „Proletariat“[27], die Aussicht auf einige tausend Mark, die ich dafür zu erwarten habe, und die neue Aussicht auf einen Film[28], an dem ich mitarbeiten will und von dem ich mir Anregung und Spaß verspreche. Auch er bringt Geld, und das ist sehr wichtig. Vielleicht kann Karl dann mit nach Indien. Wenn nicht, so ist das Geld zu haben doch sehr gut. Eine bestimmte Summe müssen wir haben, wenn wir nicht abhängig werden wollen im Alter. Und von wem sollten wir wohl abhängen — wer sollte uns helfen? Die Kinder haben es selbst nur gerade zum Leben.

Häufiges Sprechen über Individualpsychologie. Karl besucht den Kongreß und hört von neuem Adler. Seine Theorie ist sehr einleuchtend. Ich für mein Teil kann deutlich an mir spüren, wie sehr ich fortlaufende Achtungsbezeugungen der Umwelt brauche. Ein Versiegen meines Namens würde mich wohl sehr niederdrücken. Mein Seufzen und Stöhnen über die Lasten des Bekanntseins sind ein bißchen kokettes Gerede. Ich sollte nur mal spüren, wie das ist, wenn niemand nach mir fragt. Verwöhnt, wie ich jetzt bin, würd' ich es schwer aushalten, wenn der Begriff „Käthe Kollwitz" aufhörte zu existieren, wenn der Name nicht Respekt und Anerkennung bedeutete. Wie schauderhaft muß Künstlern zumut sein, die ohne Widerhall arbeiten.

Oktober 1926

Karl arbeitet mit großer Anstrengung. Von einem Nachlassenkönnen mit der schweren Arbeit keine Rede. Ich verdiene ein paar tausend Mark im Jahr, lächerlich wenig für meinen Namen.

Juli 1923

Die große Corinth-Ausstellung in der Nationalgalerie. Ich hab' ihn eigentlich nie sehr geliebt, aber ein Kerl war er. Seit seinem Schlaganfall ist das Gefühl für Form sehr zurückgegangen, das Gefühl für Farbe sehr gewachsen. Erschütternd, wie er sich als alternder, gebrochener Mann noch in der Rüstung malt wie zu seinen kraftvollsten Zeiten. Der Raum mit den Selbstbildern, manches genial wie selten etwas früher, manches so ungekonnt, daß man weinen könnte.

Ende August 1924

[...] *Und sehr kritisch sein,* denn es machen sich zeichnerische Schlappheiten bemerkbar. Da ich kein Gegengewicht in der Farbe habe, wie Corinth, muß ich desto mißtrauischer gegen mich sein.

Juni 1927

Zu meiner Verwunderung und Genugtuung lese ich im Corinth, daß er auch mit diesen fürchterlichen Depressionen zu tun hatte. Er beschreibt es genau wie es bei mir ist.

[Aus einem Brief an Arthur Bonus]

[1924][29]

[...] Nun zu den Briefstellen. Ob und wieviel Sie davon abdrucken. Es bleibt bei mir eine Scheu dagegen. Erstens die Scheu, mit Persönlichem so an die Öffentlichkeit gezogen zu werden. Dann aber auch die Scheu vor dem Sichfestlegen. Schwarz auf weiß und gedruckt sieht etwas ganz anders aus als im Gespräch geäußert oder in doch vertraulichem Brief. Gewiß, ich nehme nichts zurück, wenn ich sage, daß vor Krieg wie vor Revolution mir jetzt graut. Also machen Sie es mit den Briefstellen, wie Sie es wollen. Mir wird es zwar eine Pein sein, mich da gedruckt zu sehn, aber darauf braucht man ja nicht soviel zu geben: Halten Sie es für die Arbeit für besser, dann benutzen Sie sie. — Nur um eins bitte ich dringend; setzen Sie alles aus meinen Briefen nur als Anmerkung unten hin, am besten in kleinerem Druck, damit verlieren sie das anmaßend Orakelnde. (...)

[Aus einem Brief an Arthur Bonus]

Ostern 1924

[...] Wenn ich auch zu wissen glaubte, daß die religiöse Kraft des Großvaters nicht in mir lebte, so blieb zum mindesten Pietät in mir zurück für seine Lehre, seine Person und das ganze Gemeindebild. Ich möchte sagen, daß ich in diesen Jahren Großvater und Vater, als von beiden abstammend, in mir fühlte. Den Vater in unmittelbarer Nähe, weil er für mich der Hinführer zum Sozialismus war, Sozialismus verstanden als ersehnte Bruderschaft der Menschheit. Hinter dem aber stand Rupp, die Persönlichkeit in der Beziehung nicht zur Menschheit, sondern zu Gott. [...]

24. September 1924

Was für Tage sind das jetzt? Sie sind von morgens bis abends ausgefüllt, und alles was sie bringen, geht einen an. Einer der letzten Tage: Vormittag im Atelier Vogeler. Er kommt aus Moskau, arbeitet dort in der Kunstabteilung. Erzählt von der Vehemenz des Lebens dort. Von der barbarischen Art des

Kunsttreibens, das aber nichts von Müdigkeit kennt, neue Inhalte in neue Formen gießt und brennt vor Intensität. Wie sie alles, was sie interessiert, (und das ist nur das gegenwärtige Leben — oder wenn das frühere — so nur das, was mit Revolution zu tun hatte) aufführen, roh und ungeschlacht, auf die Massen wirkend, mit Akrobatik durchsetzt.
Vogeler sagte, er war in Deutschland so müd und hoffnungslos geworden, in Rußland hat das Leben ihn wieder gepackt.

[Aus einem Brief an Otto Nagel]

Dezember 1924[30]

(...) Ich möcht' doch sehr gern auch mal nach Rußland gehen. Genau wie Vogeler sprechen Sie von der Natürlichkeit und dem Frohsinn der Menschen dort. Wie schön muß das dort sein. Aber hat man auch etwas davon, ohne russisch zu können? Denken Sie, daß ich kein Wort russisch kann. (...)

April 1925[31]

[...] Früh um halb drei aufgebrochen und mit Extrazug nach *Sevilla* gefahren. Das war einer der schönsten Tage. In Sevilla waren die Ferias. Vom Bahnhof bis ins Innere der Stadt die breiten Straßen aufs heiterste geschmückt. Und geschmackvoll geschmückt. [...] Dann ins Innere der Stadt. Herrlich. Die Kathedrale. Geheimnisvoll, groß, mystisch. Ich glaub', ich kenn' keine schönere. Obwohl das Mittelschiff verbaut ist. Aber *wie* verbaut! Der Chor in Holz und Gold. Wie grandios das alles. Sogar das Denkmal des Kolumbus ist gut, so scheußlich ich sonst alles fand, was ich auf der Reise von Plastik sah.

Mai 1926

Das Buch von Vollard über Cézanne gelesen. Sehr erstaunt. So einen Menschen kenn' ich gar nicht. An Hilflosigkeit, kindischer Art, Zerstreutheit, Borniertheit, fast ein Idiot. Ohne Zugeständnisse ans Publikum ersehnt er doch Aufnahme im Bougureau Salon und Aufnahme in die Akademie, Orden und Auszeichnungen. Kennt nur sein Malen.

Oktober 1926

Inzwischen mit Ottilie in Dresden zur Internationalen Kunstschau gewesen. Eigentlich hat mir den meisten Eindruck Rousseau gemacht. Ich hab' ihn früher nicht verstanden, wohl auch nicht sehr Gutes von ihm gesehn. Jetzt auf dieser Ausstellung entzückt er mich sehr. Ferner zwei schöne Porträtbüsten von Despiaux, sehr amüsante Dix. Für Ottilie natürlich bedeutet das alles mehr als für mich.

[Aus einem von Käthe Kollwitz unterzeichneten Aufruf von Intellektuellen für die Enteignung der Fürsten]

5. März 1926

Zu einer Zeit, in der breite Schichten des Volkes schlimmer darben als im Kriege, in der die notwendigsten Kulturaufgaben vernachlässigt werden müssen, in der es nicht möglich ist, den Wohnungslosen ein Heim, den Kranken zureichende Nahrung, den Opfern des Krieges und der Inflation die geschuldete Unterstützung zu gewähren, — in einer solchen Zeit des wirtschaftlichen Tiefstandes und der allgemeinen Verarmung wagen es die ehemaligen Fürsten, Vermögensansprüche in Höhe von mindestens drei Milliarden Goldmark an den Staat zu stellen.

Auf diese Herausforderung gibt es nur eine Antwort: entschädigungslose Enteignung.

[...] Millionen Deutsche aus allen politischen Lagern und allen sozialen Schichten haben die Forderung der entschädigungslosen Enteignung der Fürsten begeistert aufgenommen und verlangen stürmisch eine schnelle und klare Entscheidung. Jetzt gilt es, dem Volksvermögen Milliarden an Geldeswert zu erhalten und sie den durch Krieg und Inflation schwer geschädigten Schichten zuzuführen.

Die Unterzeichneten erklären, daß sie sich in die Massenbewegung einreihen und sich dem Volksentscheid für entschädigungslose Enteignung der Fürsten anschließen.

[Erklärung von Käthe Kollwitz und Max Pechstein]

[1927][32]

Die Unterzeichneten erfahren von dem Kuratorium des Kinderheims der Roten Hilfe, daß der Herr Regierungspräsident in Stade, Herr Dr. Rose, die Entfernung der von Heinrich Vogeler stammenden Wandgemälde des Kinderheims Barkenhoff verlangt.

Die Unterzeichneten erheben gegen das Vorgehen des Herrn Regierungspräsidenten schärfsten Widerspruch. *Es ist unmöglich, daß Kunstwerke der Vernichtung ausgeliefert sein dürfen, weil die ihnen zugrunde liegende Idee der zustehenden Behörde nicht genehm ist.* Eine Entfernung der Bilder wäre aber gleich einer Vernichtung, da die Bilder auf der Wand gemalt sind.

Von einer eventuellen Verführung der Kinder kann nicht gesprochen werden, da es sich durchweg um proletarische Kinder handelt, denen die Idee, welche den Vogelerschen Gemälden zugrunde liegt, vollkommen vertraut ist.

[Zum 10. Jahrestag der Oktoberrevolution]

[Oktober 1927]

Es ist hier nicht die Stelle, uns auseinanderzusetzen, warum ich nicht Kommunistin bin. Es ist aber die Stelle, um auszusprechen, daß das Geschehnis der letzten 10 Jahre in Rußland mir an Größe und weittragender Bedeutung nur vergleichbar zu sein scheint dem Geschehnis der Großen Französischen Revolution. Eine alte Welt, unterhöhlt durch vierjährigen Krieg und revolutionäre Minierarbeit, wurde im November 1917 zerschmettert. Eine neue Welt wurde in größten Zügen zusammengehämmert. Gorki spricht in einem Aufsatz aus der ersten Zeit der Sowjetrepublik von dem Fliegen „Sohlen nach oben". Dieses Fliegen im Sturmwind glaube ich in Rußland zu spüren. Um dieses Fliegen, um die Glut ihres Glaubens habe ich die Kommunisten oft beneidet.

[Aus einem Brief an Maxim Gorki]

[1928]

Von Jugend auf liebe ich Rußland, mit welchem mich Dostojewski, Tolstoi und Gorki bekanntmachten. Ich las ihre Bücher zusammen mit den Büchern der großen französischen Romanciers, aber Rußland ist mir verwandter als Frankreich. Meine Reise mit Kalmykowa zerschlug der Krieg. Und erst im Alter von 60 Jahren, im Jahre 1927, überfuhr ich das erste Mal die russische Grenze unter dem Sowjet-Stern. Alles, was ich in Rußland sah, sah ich im Lichte dieses Sternes. Und ich habe Lust, nochmals dahin zu gehen, tief ins Land hin, an die Wolga. [...]"[33]

27. März 1926

Heut mit den Fotos der beiden skizzierten Figuren für Roggevelde bei Redslob[34] gewesen und ihn gefragt, ob die Regierung etwa zehntausend Mark mir würde geben können für Ausführung und Transport der groß zu arbeitenden Figuren. Er meint: ja — und er würde dafür eintreten. Auch entwickelte er mir den Plan der Nationalehrung für die Gefallenen, der einleuchtend und würdig ist. Von Figuren wird da ganz abgesehn. Ein schönes Stück Natur in Mitteldeutschland ist ausgesucht. Wiesen, Hain. Ein Weg führt in Stufen zu einer Höhe, wo eine Flamme brennen soll, Tag und Nacht. Redslob sprach davon, daß die Figuren, die ich zu machen gedenke, in nochmaliger Ausführung, auf halber Höhe vielleicht aufgestellt werden könnten, daß man zwischen ihnen durchgeht. Es würde mich ja beglücken, wenn es dazu käme und ich in meiner Arbeit zum ganzen Volk und gewissermaßen im Auftrag des ganzen Volkes für das ganze Volk sprechen könnte. Aber das ist solche Zukunftsmusik, daß ich am besten zu niemand davon spräche — dem Karl werd' ich seine Äußerung wohl doch sagen. Vor allem heißt es: *tun — arbeiten.* Ich will es.

September 1927

Wundervolle Wochen. Gleichbleibende vorwärtsführende Arbeit an der Figur der Mutter für Roggevelde.
Die Rußlandreise steht im Hintergrund.

Ein fast unheimlicher euphorischer Zustand schon durch Wochen.

Anfang Oktober 1927

Gänzlicher Sturz mit der Arbeit. Körperlicher Tiefstand. Herzklopfen. Sehr langsames In-die-Höhe-Arbeiten.

April 1926

In der eben eröffneten Akademie-Ausstellung gewesen. Diese etwas peinliche Zusammenstellung der alten Akademiekünstler und der Jungen. Wie muß bloß Kampf zumut sein? Immer wieder die alte Frage: Merkt man es nicht, wenn man künstlerisch senil wird, ebenso wie man physisch nur schleichend merkt, daß man Adernverkalkung kriegt? Um Gottes willen, dann muß man doch jemand einsetzen, der einen warnt. Es ist eine Affenschande, sich selbst so zu überleben. Kampf war ja nun nie wirklich gut. Wo nimmt er bloß den Mut her, die Sachen der Ströver gänzlich abzulehnen — die sind immer noch besser als seine.
War mit Jeep im Atelier. Sie erwärmte sich an der großen Gruppe[35], will nur das erhobene Bein anders gelegt haben. Ich weiß nicht recht, ob das möglich ist. Nur in einer Art scheint mir eine Änderung möglich: die Figur in Kleidung zu tun. Noch eine schwache Hoffnung hab' ich, sie so vielleicht zu schaffen. Aber eine *schwache* Hoffnung. Seit der Grippe und dem stundenlangen Herzklopfen vor ein paar Tagen bin ich recht mutlos. Wenig Perspektiven. Auch Karl ist körperlich gar nicht frisch — wenn wir aus dieser Tiefe uns nur erst rausgekrabbelt hätten.

März 1926

Jetzt ist der Konrad über 4 Monate bei uns. Er fügt sich in den Haushalt, ist bemüht, alles gut zu machen. Mitunter scheint es mir, daß er doch wenig glücklich ist.
Ich habe früher nicht so gemerkt, *wie* alt der Konrad ist. Manchmal hinfällig wie ein Greis. Es macht traurig (...).
Wie begann dieser Mensch. Sein Rückerinnern geht auch immer in jene Zeit zurück, als er noch im Aufstieg war, als Engels viel von ihm erwartete.

1 Käthe Schmidt im Alter von acht Jahren

2 Bildnis Else Rupp, Ölgemälde, vor 1890

3 Käthe Kollwitz, neunziger Jahre des 19. Jahrhunderts

4 Käthe Kollwitz mit Sohn Hans am Tisch, Zeichnung, 1894

5 Selbstbildnis, Zeichnung, um 1897

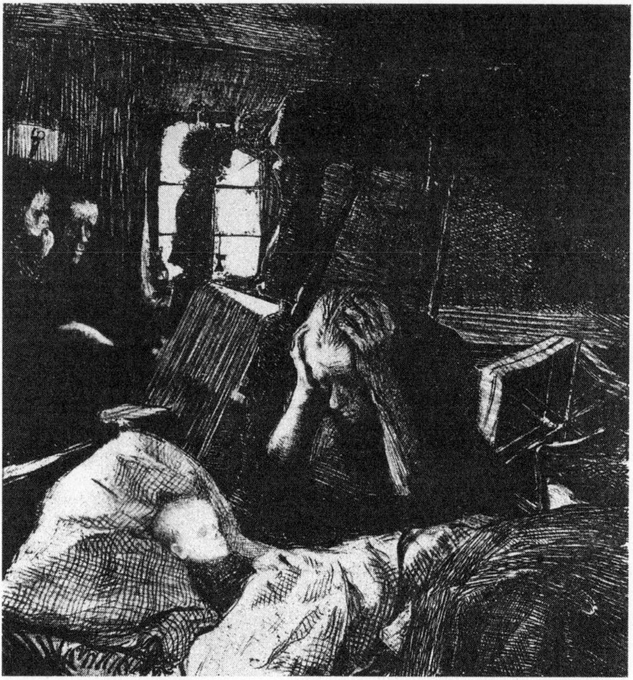

6 Not, Lithografie, 1897

7 Tod, Lithografie, 1897

8 Biergarten, Radierung, 1898

9 Gretchen, Radierung, 1899

10 Käthe Kollwitz um 1900

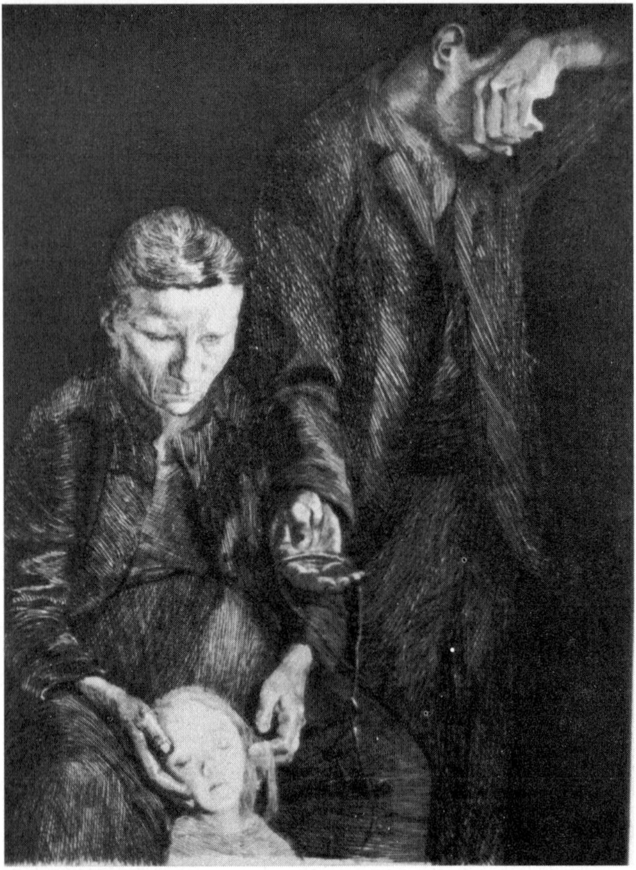

11 Zertretene, Radierung, 1900

12 Die Carmagnole, Radierung, 1901

13 Losbruch, Zeichnung, 1902

14 Pflugzieher und Weib, Lithografie, 1902

15 Losbruch, Radierung, 1903

16 Arbeiterfrau mit blauem Tuch, farbige Lithografie, 1903

17 Frau mit totem Kind, Ausschnitt, Radierung, 1903

18 Selbstbildnis, Lithografie, 1903

19 Arbeiterfrau mit gesenktem Kopf, Radierung, 1905

20 Heimarbeiterin, Zeichnung, 1905

21 Die Pflüger, Radierung, 1906

22 Vergewaltigt, Radierung, 1907

23 Schlachtfeld, Radierung, 1907

24 Die Gefangenen, Radierung, 1908

25 Gefesselter Bauer, Zeichnung, 1908

26 Mutter mit Kind, Radierung, 1910

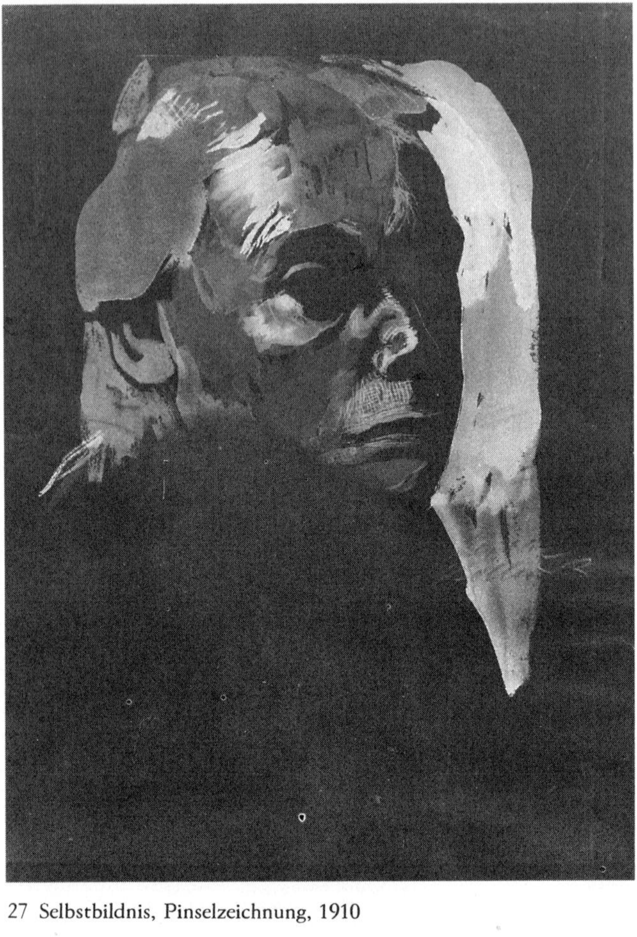

27 Selbstbildnis, Pinselzeichnung, 1910

28 Selbstbildnis mit Hand an der Stirn, Radierung, 1910

29 Liebknecht auf dem Totenbett, Zeichnung, 1919

30 Karl Liebknecht — Gedenkblatt, Lithografie, 1919

31 Karl Liebknecht – Gedenkblatt, Holzschnitt, 1919/20

32 Nachdenkende Frau, Lithografie, 1920

33 Helft Rußland! (Plakat für das Rußland-Komitee der Internationalen Arbeiterhilfe), Lithografie, 1921

34 Titelblatt zu Otto Rühle: Das proletarische Kind, Holzschnitt, 1922

35 Die Freiwilligen, Holzschnitt, 1922/23

36 Die Eltern, Holzschnitt, 1923

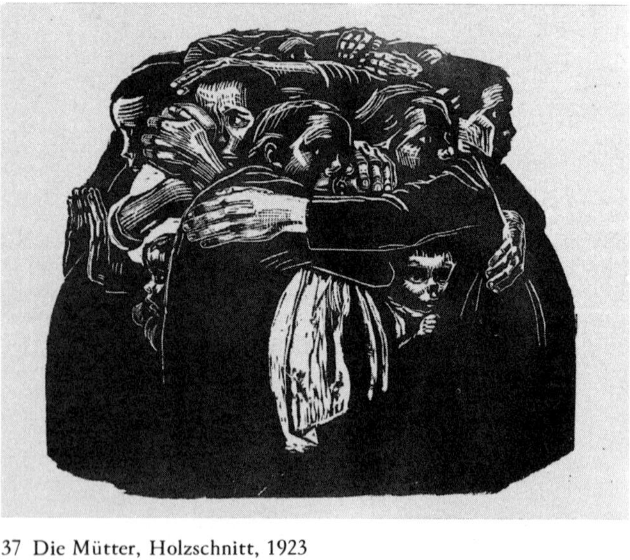

37 Die Mütter, Holzschnitt, 1923

38 Brot!, Lithografie, 1924

39 Hungernde Kinder, Lithografie, 1924

40 Nie wieder Krieg!, Lithografie für Plakat, Mitteldeutscher Jugendtag Leipzig, 1924

41 Nie wieder Krieg!, Lithografie für Plakat, Mitteldeutscher Jugendtag Leipzig, 1924, Zustandsdruck

42 Gefangene, Musik hörend, Lithografie, 1925

43 Der Agitationsredner, Lithografie, 1926

44 Besuch im Kinderkrankenhaus, Lithografie, 1926

45 Käthe Kollwitz im Kreis sowjetischer und ausländischer Künstler, an ihrer linken Seite Vera Muchina, Moskau, November 1927

46 Käthe Kollwitz im 6. Lebensjahrzehnt

47 Käthe Kollwitz im Alter von 60 Jahren

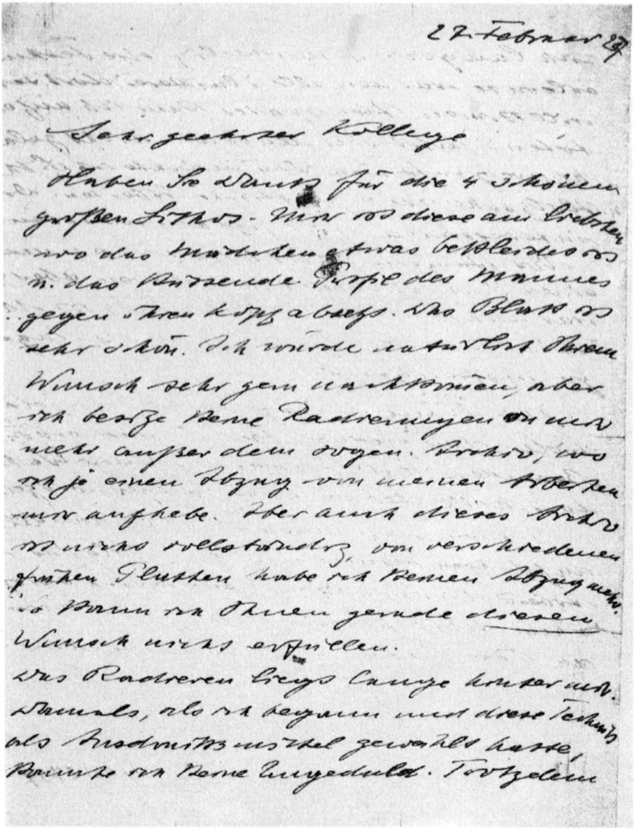

27. Februar 27

Sehr geehrter Kollege

Haben Sie Dank für die 4 schönen großen Lithos. Mir ist diese am liebsten wo das Mädchen etwas Beklemmendes ist u. das blinzelnde Profil des Mannes gegen ihren Kopf absetzt. Das Blatt ist sehr schön. Ich würde natürlich Ihrem Wunsch sehr gern nachkommen, aber ich besitze keine Radierungen mehr außer dem eigenen Archiv, wo ich je einen Abzug von meinen Arbeiten mir aufhebe. Aber auch dieses Archiv ist nicht vollständig, von verschiedenen frühen Platten habe ich keinen Abzug mehr. So kann ich Ihnen gerade diesen Wunsch nicht erfüllen.
Das Radieren liegt lange hinter mir. Damals, als ich begann und diese Technik als Ausdrucksmittel gewählt hatte, kannte ich keine Ungeduld. Trotzdem

48 Brief an Max Lingner, 27. Februar 1927

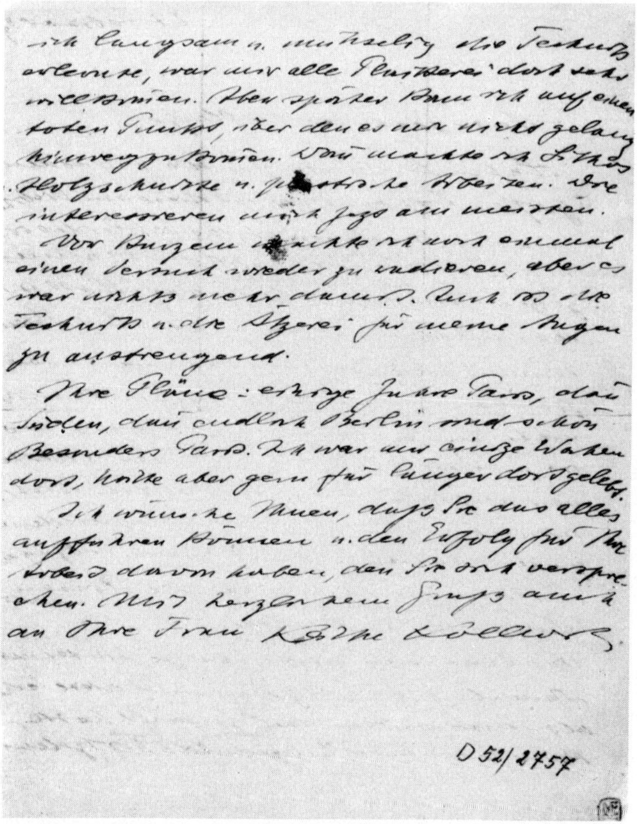
ich langsam u. mühselig die Technik erlernte, war mir alle Künstlerei dort sehr willkommen. Aber später kam ich auf einen toten Punkt, über den es mir nicht gelang hinwegzukommen. Nun machte ich Lithos Holzschnitte u. plastische Arbeiten. Die interessieren mich jetzt am meisten.

Vor kurzem machte ich noch einmal einen Versuch wieder zu radieren, aber es war nichts mehr damit. Auch ist die Technik u. die Ätzerei für meine Augen zu anstrengend.

Ihre Pläne: einige Jahre Paris, dann Süden, dann endlich Berlin sind schön. Besonders Paris. Ich war nur einige Wochen dort, hätte aber gern für länger dort gelebt.

Ich wünsche Ihnen, daß Sie das alles ausführen können u. den Erfolg für Ihr Arbeit davon haben, den Sie sich versprechen. Mit herzlichem Gruß auch an Ihre Frau Käthe Kollwitz.

49 Rückseite des Briefes an Max Lingner

50 Selbstbildnis, Lithografie, 1927

51 Maria und Elisabeth (Heimsuchung), Holzschnitt, 1929

52 Klagende Mütter, Zeichnung, 1930

53 Demonstration mit Kind, Lithografie, 1930

54 Demonstration, Lithografie, 1931

55 Arbeiterfrau mit Knaben auf dem Arm, Lithografie, 1932

56 Wir schützen die Sowjetunion! (Das Propellerlied), Lithografie, 1932

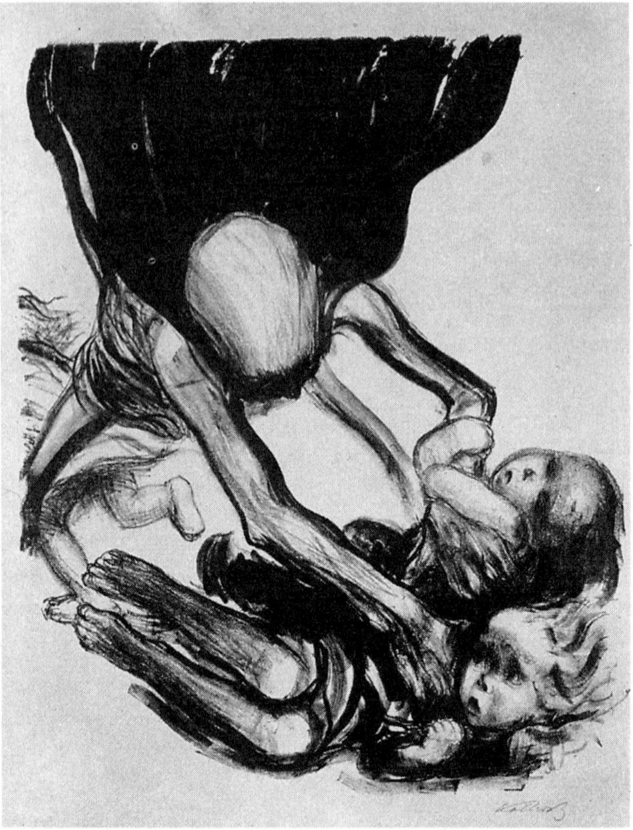

57 Der Tod greift in eine Kinderschar, Lithografie, 1934/35

58 Frau reicht dem Tod die Hand, Lithografie, 1934/35

59 Der Ruf des Todes, Lithografie, 1934/35

60 Käthe Kollwitz und Dr. Karl Kollwitz, Sommer 1935

61 Turm der Mütter, Bronze, 1937

62 Große Muttergruppe, Gips, 1935—1937

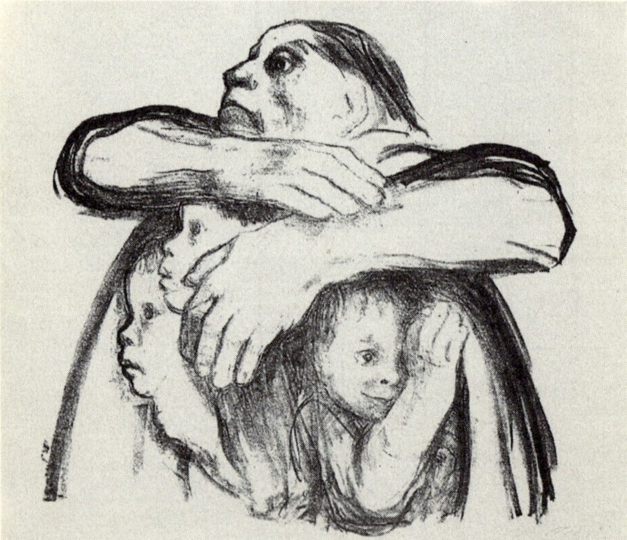

63 Mutter beschirmt ihre Kinder (Saatfrüchte sollen nicht vermahlen werden), Lithografie, 1942

Immer ist er würdig und fein. Und wie erinnert er manchmal an die Mutter.

9. Februar 1927

Gestern stirbt an einer Lungenentzündung Heinrich Braun, 72 Jahre alt. Der Vielgeliebte, der Frauenfreund, der wie der Landvogt von Greifensee aussah. Der immer Ritterliche, Noble, Lilys Mann und Ottos Vater. Von seiner geistigen Schärfe weiß ich nicht viel zu berichten. Aber wie entzückend war sein Lachen, als ich in Paris bei ihm anklingelte. Von seiner Stimme sagt Lily: „Nur ein Mann in der Welt hat eine solche Stimme." Wenn er einen anlächelt, fühlte man sich schön, geliebt, von ritterlicher Courtoisie umwoben. Ihn sollten wirklich Frauen zu Grabe tragen, denn er machte Frauen strahlend und schön sein. — Viermal war er verheiratet, er hat wohl auch die Julie Vogel, seine letzte Frau, glücklich gemacht.
Den Erlös aus Ottos Tagebuch gab er armen Studenten. Hilfsbereit war er immer, wie hat er Konrad geholfen. Ich weiß, daß er auch sehr grämlich sein konnte, d. h., ich hatte es gehört, erfahren hab' ich's nicht. Immer, wenn er mich sah, lächelte er sein entzückendes Lächeln über sein ganzes Gesicht. In München, als ich 22 Jahre alt war, suchte er mich auf, Marianne Fiedler war auch dabei. Er lehrte uns den Sozialismus.

[Brief an Max Lingner]

27. Februar 1927[36]

Sehr geehrter Kollege
Haben Sie Dank für die 4 schönen großen Lithos. Mir ist diese am liebsten wo das Mädchen etwas bekleidet ist u[nd] das küssende Profil des Mannes gegen ihren Kopf absetzt. Das Blatt ist sehr schön. Ich würde natürlich Ihrem Wunsch sehr gern nachkommen, aber ich besitze keine Radierungen von mir mehr, außer dem sogen[annten] Archiv, wo ich je einen Abzug von meinen Arbeiten mir aufhebe.
Aber auch dieses Archiv ist nicht vollständig, von verschie-

denen frühen Platten habe ich keinen Abzug mehr. So kann ich Ihnen gerade diesen Wunsch nicht erfüllen.
Das Radieren liegt lange hinter mir. Damals, als ich begann und diese Technik als Ausdrucksmittel gewählt hatte, kannte ich keine Ungeduld. Trotzdem ich langsam und mühselig die Technik erlernte, war mir alle Plackerei dort sehr willkommen. Aber später kam ich auf einen toten Punkt, über den es mir nicht gelang hinwegzukommen. Dann machte ich Lithos und Holzschnitte und plastische Arbeiten. Die interessieren mich jetzt am meisten.
Vor kurzem machte ich noch einmal einen Versuch wieder zu radieren, aber es war nichts mehr damit. Auch ist die Technik u[nd] die Ätzerei für meine Augen zu anstrengend.
Ihre Pläne — einige Jahre Paris, dann Süden, dann endlich Berlin sind schön. Besonders Paris. Ich war nur einige Wochen dort, hätte aber gern für länger dort gelebt.
Ich wünsche Ihnen, daß Sie das alles ausführen können u[nd] den Erfolg für Ihre Arbeit davon haben, den Sie sich versprechen.
Mit herzlichem Gruß auch an Ihre Frau

Käthe Kollwitz

[Brief an Sella Hasse]

23. Dezember 1927

Liebe Frau Hasse! Ich denke oft an Sie und Ihre Hanne und wage Sie nicht zu fragen, wie es ihr geht. Schreiben Sie mir bitte ein paar Worte über Sie beide.
Ich schick mit gleicher Post das vergrößert herausgekommene Kollwitz-Buch als einen Gruß und sichtbares Zeichen meines Gedenkens.
Ich war inzwischen mit meinem Mann zusammen in Moskau, für zwei Wochen, das waren ungeheuer starke Eindrücke. Im übrigen arbeite ich an meiner plastischen Figur.
Liebe Frau Hasse — wäre doch das nächste Jahr weniger schwer für Sie und die Hanne. Ich grüße Sie herzlich

Käthe Kollwitz

Silvester 1927

Im Jahr 1927 ist uns, Karl und mir, viel Gutes geschehen. [...]

Wir haben beide ganz gut arbeiten können. [...] Dann mein sechzigster Geburtstag mit all den Freuden, die er mit sich brachte [...] und dann Rußland. Moskau mit seiner anderen Luft, so, daß Karl und ich wie ausgelüftet zurückkamen. Das alles haben wir gemeinsam haben dürfen [...].

5. Februar 1930

Barlachs Gefallenendenkmal Magdeburg gesehn. Nur Foto. *Ganz starker* Eindruck. Der hat's gekonnt.

22. April 1931

Heute, am 22. April 1931, ist die Akademie-Ausstellung eröffnet, in der ich die beiden plastischen Figuren — Vater und Mutter[37] — zeige.

Das ist ein großer Abschnitt, ein ganz bedeutsamer Punkt. Seit Jahren in gänzlicher Stille an ihnen gearbeitet, keinen, kaum Karl und Hans, dazu gelassen, mach' ich jetzt die Türen weit auf, daß möglichst viel Menschen sie sehen. Ein großer Schritt, der mir Aufregung und Sorge gemacht hat, der mich aber auch beglückt hat durch die geschlossene Anerkennung der Kollegen. Vor allem denk' ich an die Bildhauer. Diese Wochen waren anstrengend. Nun, mit der Ablieferung nach außen, bin ich aber ruhiger. Im Juni geht es dann an die Weiter- und Zu-Ende-Führung. Im Herbst — Peter — bring' ich sie zu dir.

Herbst 1931

Nein, nun ist Herbst, und die Figuren sind noch nicht fertig. Belgischer Granit ist gekauft, Rades soll die eine Figur machen, Diederich die andere. *Im Frühjahr!*

[Aus einem Brief an Beate Bonus-Jeep]

[1931]

[...] Deine Frage, wer mir das Geld zur Ausführung geschenkt hat? Gemeinsam das Reichsministerium des Innern (damals Keudell) und das Preußische Kultusministerium (damals

Becker) stifteten fünftausend Mark. Der Stein hat tausend Mark verschlungen, jeder Bildhauer bekommt für die Fertigstellung der Arbeit zweitausend Mark. Die siebenhundert Mark Zinsen langen nicht hin, um noch die Sockel zu arbeiten, den Transport und die Fundamentierung usw. zu bestreiten. Wir werden noch ziemlich tief in unser Zurückgelegtes greifen müssen. Aber dann sind die dort. Hoffentlich bricht nicht unterdes das Dritte Reich über uns herein! Ich bin nur froh, daß sie aus Granit sind. — [...]

Dezember 1930

Langsam heranschleichende böse Reaktion auf allen Gebieten. Verbot des Remarque-Films. Es wird eine schlimme Zeit kommen, oder es *ist* eine schlimme Zeit.
Arbeitslosigkeit in allen Erdteilen.

15. Juni 1932

Heut am 15. Juni stehn die Arbeiten zwei Wochen in der Nationalgalerie. Viele Menschen haben sie gesehn und haben einen starken Eindruck gehabt.
Am Sonntag war Karl mit den beiden gesunden Kindern, Peter und Jutta, dort und dann noch in der Galerie, ihnen Böcklin zeigen. Ob bei den Kindern irgend etwas in der Erinnerung haften wird? Jetzt interessieren sie sich nur für die Ähnlichkeit, ob Großvater oder Großmutter ähnlicher wäre. — Wie Karl einmal dort war, liefen ein paar Jungens von der Straße 'rein. Einer sagte zum andern, auf die Mutter zeigend: „Das ist ein chinesischer Pfaff."
Etwas kränkt oder ärgert mich, wie man's nennt. Die kommunistischen Blätter schweigen. Eine kleine Notiz soll neulich die „Rote Fahne" gebracht haben: man vermisse die Antikriegsgeste. Es ist *dumm, es ist hanebüchen dumm* — aber den Schaden habe ich doch, denn die breiten Arbeitermassen kommen nun nicht hin. Wäre Otto Nagel hier — der hätte das nicht gelitten![38]

23. Juli 1932

In Belgien.

Am Sonnabend fahren wir auf den Friedhof (Herr Schult, der junge Lingner,[39] Karl und ich). Der erste Eindruck des Friedhofs ist fremd, weil er gegen damals umgeändert ist. Er ist planiert. Er wirkt kleiner, weil die unbekannten Soldaten immer paarweise zusammengelegt sind. Er ist in ein richtiges Viereck gebracht. Die kleinen Blechkreuze sind ersetzt durch etwas größere Holzkreuze. Die Reihen verlaufen ganz regelmäßig, doch ist der Zwischenraum zwischen den Kreuzen nicht immer derselbe. Über den Chausseegraben führt eine kleine Steinbrücke. Die Steinmauer ist zum Chausseegraben zu höher. Innen ist sie niedriger, bequem zum Draufsitzen. Die Mauer ist aus gefügten Steinen, zwischen denen Moosarten wachsen. Der Friedhof wirkt jetzt monotoner als früher. Nur drei Kreuze haben eine Anpflanzung von Rosen. An Peters Grab blühen sie, rote. Daß der ganze Boden jetzt mit Rasen bepflanzt ist, ist schön. Kleiner, als ich dachte, ist der vordere Platz, der für die Figuren frei gehalten ist. Auch er hat Rasen.

Rechts in der Friedhofsecke stehen noch verpackt die Granite. Die Arbeiter von der Gräberfürsorge sind zur Stelle. Auch die schon behauenen Steinsockel liegen bereit und provisorische Holzsockel für die Phantome. Sie werden aufgestellt. Erst die Frau, dann der Mann. Lange über den Zwischenraum gesprochen, endlich alles bestimmt. Damit das Ganze sich schließt, und die Eltern wie eine Herde die Kreuze vor und neben sich haben, sagt Lingner mir zu, noch sechs Tote einzureihen, und zwar so, daß keine Lücke zwischen Figuren und Kreuzen bleibt. Noch gibt es viele uneingereihte Gebeine (...).

Der Himmel ist mal blau, mal voll ziehender Wolken. Nur eines ist störend, die Masten der elektrischen Leitung, die am Friedhof vorbeiführt.

An der Wegkreuzung Roggevelde-Dixmuiden steht noch wie damals die kleine Wirtschaft: Int Roggeveld. Als die Arbeiter Pause machen, gehn wir auch da herein, essen weißes Brot und trinken einen Wermut. Die Leute sind freundlich und nett wie damals.

Dann nach Hause. Der uns beiden sehr liebe junge Lingner verabschiedet sich, er fährt nach Berlin, um ein Examen zu machen. Herr Schult bringt uns nach Middelkerke zurück. Nachmittag Ruhe. In der Nachmittagssonne der lustig bunte Strand. Sonntag vollkommener Ruhetag. Abends beginnt Regen.

Am Donnerstag, 28. Juli 1932,

werden die Figuren aufgestellt. Schult ist nicht mehr dabei, nur van Hauten, der uns hinfährt. Dort warten bereits die Arbeiter. Die Blöcke stehen schon. Eine lange, schwere Arbeit, bis die Frauenfigur steht. Es zeigt sich, daß der Block vorn etwas gehoben werden muß, weil das leise ansteigende Terrain die Vornüberneigung betont. Dann der Mann. Bei ihm ist ein großer Übelstand, der mich erst ganz verstimmt, der, daß er den Blick nicht weit genug hebt. Er überblickt nicht den ganzen Friedhof, sondern blickt vor sich hin.
Die stundenlange Arbeit macht sehr müde. Als wir abfahren, bin ich eher traurig als froh.

Ende August 1932

Zum Amsterdamer Anti-Kriegs-Kongreß wär' ich gern gefahren.

Mai 1932

Produktiv arbeiten tu ich jetzt wenig. Es ist immer die Arbeit im Auge zu haben und alles, was mit ihr zusammenhängt. Ob ich erfolgreich ankämpfen könnte gegen die resignierende Melancholie, die mich wieder überkriecht, weiß ich nicht. Aber Karl, auch ich, wir sind so gar nicht auf der Höhe. Sind im Grunde traurig. Altwerden ist *so schwer.*

Februar 1931

Nicht mehr abzuleugnen, daß es mit Konrad geistig bergab geht. Erschreckend in letzter Zeit. Noch vor Wochen merkte ich nichts. Er ist still wie immer, freundlich. Nicht zu wissen, ob er es merkt. *Wenn* er es merkt, was fühlt er?

Silvester 1932

[...] den Konrad langsam zuerst und dann in den paar Stunden sterben zu sehn, das war so traurig.
Am letzten Sonntag, mit uns am Abendtisch. Ach Gott, er war schon im Sterben, trotzdem er noch mit uns aß. Wie Mutter damals. Er wollte herübergebracht werden, weil er meinte, er „drücke auf unsere Stimmung". Der Karl nahm das Kommersbuch und las vor, um ihn fröhlicher zu machen, es blieb so furchtbar traurig. Die nächsten Tage bis zum Freitag bleibt er im Bett. Dann die Nacht von Donnerstag zu Freitag — das Röcheln und Rasseln. Am Freitag mittag ist es aus. Karl ist gerade unten. Am Bett sitzen Frau Veit und ich. Der Atem setzt aus, ganz rasch zieht eine Blässe über sein Gesicht. Der Konrad, der Freund und Bruder ist tot.

[Aus einem Brief an Beate Bonus-Jeep]

1932

(...) Daß der Konrad ging, war nicht leicht. Er, Karl und ich waren von Kindheit an befreundet und hatten uns sehr lieb. [...] Er hat Stöße von Geschriebenem hinterlassen. Jetzt hat sein alter Parteifreund sich darübergemacht und meint wirklich, einen Weg da durch zu finden. Er will ein kleines Buch herausgeben: Friedrich Engels und Konrad Schmidt. [...]

Am 30. Januar 1933

wird Hitler Reichskanzler. Dann alles Schlag auf Schlag.

[Berliner Plakat]

[Anfang Februar 1933][40]

Dringender Appell
Die Vernichtung aller persönlichen und politischen Freiheit in Deutschland steht unmittelbar bevor, wenn es nicht in letzter Minute gelingt, unbeschadet von Prinzipiengegensätzen alle Kräfte zusammenzufassen, die in der Ablehnung des Faschismus einig sind. Die nächste Gelegenheit dazu ist der 5. März. Es gilt, diese Gelegenheit zu nutzen und endlich einen Schritt

zu tun zum *Aufbau einer einheitlichen Arbeiterfront,* die nicht nur für die parlamentarische, sondern auch für die weitere Abwehr notwendig sein wird. Wir richten an jeden, der diese Überzeugung mit uns teilt, den dringenden Appell zu helfen, daß *ein Zusammengehen der SPD und KPD für diesen Wahlkampf* zustande kommt, am besten in der Form gemeinsamer Kandidatenlisten, mindestens jedoch in der Form von Listenverbindung. Insbesondere in den großen Arbeiterorganisationen, nicht nur in den Parteien, kommt es darauf an, hierzu allen erdenklichen Einfluß aufzubieten. Sorgen wir dafür, daß nicht Trägheit der Natur und Feigheit des Herzens uns in die Barbarei versinken lassen!

gez. Willi Eichler, Karl Emonts, Hellmuth Falkenfeld, Kurt Großmann, E. J. Gumbel, Theodor Hartwig, Maria Hodann, Käthe Kollwitz, Karl Kollwitz, Robert Kuczynski, Otto Lehmann-Rußbüldt, Heinrich Mann, Paul Oestreich, August Siemsen, Minna Specht, Erich Zeigner

Setzt die Verantwortlichen unter Druck!

Herausgegeben vom Internationalen Sozialistischen Kampfbund
Verantwortlich: Fritz Grob
Druck: Berek, Berlin SW 19, Grünstr. 17/20

Am 15. Februar 1933

müssen Heinrich Mann und ich aus der Akademie austreten. Verhaftungen und Haussuchungen. Ende März auf zwei Wochen nach Marienbad. Dort mit Wertheimers. Mitte April kommen wir zurück, in der festen Absicht, zu bleiben.
Vollkommenste Diktatur.

Am 1. April 1933

Judenboykott.
Entlassungen. Hans noch im Amt.

Am 10. Mai 1933

werden Bücher verbrannt.

Am Sonnabend, 1. Juli 1933,
werden sämtlichen Ärzten, die dem Sozialdemokratischen Ärzteverein angehört haben, die Kassen weggenommen.
Karl auch.
Jetzt im Juli gibt es weder die Kommunistische Partei mehr, noch die Sozialdemokratische, noch die Demokratische, noch die Deutsch-Nationale, noch die Bayrische Volkspartei, noch das Zentrum. In ganz Deutschland existiert nur noch die NSDAP. — Es gibt keine Zeitung, die eine andere Meinung vertritt. Gleichschaltung.
Unterdes lebt man und arbeitet. Ich bin an der plastischen Gruppe Mutter mit zwei Kindern. Ende September muß ich das Akademie-Atelier geräumt haben. Die Arbeit geht von der Hand.

11. Juli 1933
Hansens Brief, daß seine Entlassung beantragt sei.

1. August 1933
Karl werden auch die Tarifkassen genommen.

[Aus einem Brief an Arthur Bonus]

[1933][41]
(...) Glaube mir, Bonus, wenn der Verfasser sagt, die Seelen von Unzähligen im Arbeiterstand glühten für mich —, so hören sie sicher auf, das zu tun, wenn ich —, „ehrenvoll wieder anerkannt" — werde. Ich will und muß bei den Gemaßregelten stehen. Die wirtschaftliche Schädigung, auf die Du hinweisest, ist eine selbstverständliche Folge. Tausenden geht es ebenso. Darüber muß man nicht klagen. [...] Ich empfinde ja überhaupt das ganze Vorgehen gegen mich als logisch. — Die Aufstellung der Figuren im Kronprinzenpalais ist ja nicht eine Tat der Anerkennung der Regierung, sondern Justis, der abgesetzt ist. Ihm, nur ihm allein, ist es auch zu danken, daß die fertigen Steine in der Vorhalle der alten Nationalgalerie aufgestellt wurden. Unter der neuen Leitung wird augenblicklich wieder einmal eine gesetzliche Neuordnung vorgenommen. Zur Zeit ist für das Publikum das Kronprinzen-

palais geschlossen. Nach Wiedereröffnung wird man sehen, ob ich noch existiere.[...]

[Aus einem Brief an Beate Bonus-Jeep]

[1933]

(...) Es scheint, daß jeder sich in dieser Zeit verkriecht, wie eine Schnecke möglichst tief in ihr Haus hinein. Dort denkt man dann wohl mit mehr oder minder Sorge an die befreundeten Schnecken. Ich muß nun endlich mal einen Fühler nach Euch ausstrecken — wie geht es Euch? Wie geht's Heinz? Sitzt er fest? Ich meine in seiner Stellung? Wir sind hier in Marienbad und benutzen die verfrühten Ferien zur Erholung. Das Wetter ist herrlich, und es geht uns recht gut, da wir mit Freunden zusammenleben, die drei Kinder haben und bei denen es immer herzlich und fröhlich zugeht. Bald wollen wir aber zurück. Ich freu' mich diesmal nicht darauf. Bei dem besten Willen kann man sich schwer der Atmosphäre dort entziehen. Man steht in ihr auf, man geht in ihr schlafen. Es ist etwas anstrengend. — Wie es mit Hans werden wird, ist noch nicht entschieden, vielleicht beläßt man ihn. Laßt doch mal was von Euch hören. Bis zum zehnten April werden wir wohl sicher hier sein. — Eure kleinlauten Schnecken Käthe und Karl.

18. September 1933

Hans bekommt die Nachricht, daß das Bezirksamt den Antrag auf seine Entlassung zurückgenommen hat. Am Abend desselben Tages ist bei ihm draußen Haussuchung. Auch meine Bücher (Reissner usw.)[42] sollen weggenommen werden.

29. Oktober 1933

Karl bekommt die Mitteilung, daß er zugleich mit den anderen ausgeschlossenen Ärzten die Kassen zurückbekommt.
Er freut sich so sehr.
Konrads 70. Geburtstag. Gut, gut, daß Konrad diese Zeit nicht erlebt.

November 1933

Am Bußtag sind Karl und ich auf dem Friedhof.
Ich lege Konrad rote Nelken hin für ihn und seine tote Sozialdemokratie. Auch auf den Gräbern der toten alten Führer liegen hier und da rote Nelken.

Februar 1934

Nun ist Liebermann tot. Am 8. Februar abends, um sieben, still eingeschlafen. Es ist merkwürdig: selbst wenn man für einen Menschen den Tod wünscht — ist er da, dann bekommt man doch einen Schlag. Ich ging heut vormittag, am Tag nach seinem Tode, hin und konnte ihn sehn. Furchtbar mager. Gereckt liegt er da und das verändert den Eindruck, weil ihm der Kopf so überhing. Stirn, Schläfen, Nase sehr gut und vornehm.
Seine Frau einfach und gut. Die Tochter Käthe und die Enkelin — Als ich die Treppe runterging, begegnete mir sein Teckel.

Oktober 1938

Es sind Peters Tage.
Barlach stirbt am 24. Oktober im Krankenhaus in Rostock. Am darauffolgenden Donnerstag ist eine Trauerfeier in Güstrow. Ich fahre hin. Dort trifft es sich, daß ich vor den anderen in seinem Haus und auch in seinem Atelier bin. Ich gehe durch eine Seitentür herein und habe seinen Arbeitstisch mit den zusammengeräumten Werkzeugen, dahinter eine Wand mit Arbeiten von ihm, vor mir. Wie ich mich zur Seite wende, dem eigentlichen Atelierraum zu, sehe ich Barlach im offenen Sarg liegen. Der Sarg steht in der Mitte des Raumes. Er ist feierlich und kostbar aufgebahrt. Ein schwarzer Teppich und weiße Atlasdecken. Barlach ist ganz klein. Er liegt mit ganz zur Seite gesenktem Kopf, als ob er sich verbergen wolle. Die weggestreckten und nebeneinander gelegten Hände ganz klein und ganz mager. Ringsherum an den Wänden seine schweigenden Gestalten. Hinter dem Sarg Tannen aufgebaut. Über dem Sarg die Maske des Güstrower Domengels. Um den Sarg läuft sein kleiner Hund herum und schnuppert zu ihm auf.

30. Juni 1934

Erschießung Röhms, Schleichers, von SA-Führern und anderen. Mühsam *tot!*

Juli 1936

[...] Wir fassen den Entschluß, dem Konzentrationslager, wenn es unvermeidlich scheint, durch Selbsttod uns zu entziehen. [...]

November 1934

Habe unterdes fünf der Lithos zum Tod[43] und das Selbstbild 1934[44] auf die Akademie-Ausstellung gebracht. Klimsch sagt mir vertraulich, daß sie daran arbeiten, mich wieder in die Akademie zu bringen. Eine Sache, die — das wird mir immer klarer — ich ablehnen müßte, wenn sie Tatsache werden sollte.
Arbeite nun im Atelier in der Klosterstraße an der plastischen Gruppe. Das ist sehr schön, eine befriedigende, beruhigende Arbeit.

Ostern 1936

War vor kurzem im Kronprinzenpalais. Erfuhr durch Hanfstaengl, daß Widerspruch gegen Ausstellung meiner Gruppe in der Herbstausstellung der Akademie besteht. (Am Tage darauf Aufsatz im „Schwarzen Corps" gegen Hanfstaengl.) Sah an dem Tage in den unteren Räumen — unter Ausschluß des Publikums — das Magdeburger Kriegsehrenmal von Barlach. Kannte es nur aus einer Wiedergabe. Es ist so gut, wie es mir in der Wiedergabe erschienen war, ja noch besser. Da ist wahrhaftig Kriegserleben von 1914—1918 festgelegt. Unmöglich natürlich für Anhänger des Dritten Reiches, wahr für mich und viele.
Wenn man von einer der Figuren zur anderen sieht: dies Schweigen. Wenn Münder sonst zum Sprechen gemacht sind — hier sind sie so fest geschlosssen, als ob sie nie gelacht haben. Aber der Mutter hat er ein Tuch über den Kopf gezogen. Gut Barlach!

5. November 1936

Jubiläumsausstellung Berliner Bildhauer von Schlüter bis zur Gegenwart. Die Ausstellung war seit Mitte Oktober fertig. Ministerpräsident Göring hatte keine Zeit, sie zu eröffnen. Infolgedessen eröffnete sie sich selbst. Vor der offiziellen Eröffnung am 5. November werden meine beiden Arbeiten, Mutter (Roggevelde) und Grabrelief[45], entfernt. Auf meine Frage, wer noch entfernt ist, sagt Amersdorfer, Barlach sei noch entfernt worden.
Am Sonntag war bereits eine Notiz in den Zeitungen, wonach das Kronprinzenpalais gesäubert werden solle.
Es ist sicher, daß meine beiden Figuren dann weggestellt werden.

November 1936

Es wird mir ganz allmählich erst klar, daß ich wirklich mit meiner Arbeit zu Ende bin. Nachdem ich die Gruppe[46] habe in Zement ausdrücken lassen, weiß ich nicht weiter. Es ist eigentlich nichts mehr zu sagen. Ich dachte noch eine kleine Plastik „Alter Mensch" zu machen, und ein Relief schwebte mir unbestimmt vor.
Aber ob ich das mache oder nicht, es ist nicht mehr wichtig. Für die anderen nicht und auch nicht für mich. Auch diese merkwürdige Stille bei Gelegenheit der Heraussetzung meiner Arbeit aus der Akademie-Ausstellung und anschließend dem Kronprinzenpalais. Es hat mir fast niemand etwas dazu zu sagen. Ich dachte, die Leute würden kommen, mindestens schreiben — nein. So etwas von Stille um mich. — Das muß alles erlebt werden! Nun ist der Karl noch da. Täglich seh' ich ihn, und wir reden und zeigen uns, daß wir uns lieb haben. Aber wie wird es sein, wenn er auch weg sein wird?
Man schweigt in sich hinein. Alles ganz still. Ich sitz' auf Mutters Stuhl abends, wenn ich allein bin, am Ofen.
Der liebe, der so liebe Hans. Schlimm für ihn dies und manches.

April 1937

1937 — Krieg?
Nach großem Tiefstand im Herbst bessere Zeiten im kalten Januar, auch noch Februar. Kann ganz gut arbeiten, aber nur kleine Sachen: Soldatenzug.

Im Februar sagt Nierendorf die bei ihm geplante Ausstellung ab. Auch die Ausstellung in Odense kommt nicht zustande. Ich mache in meinem Atelier eine Art Ausstellung meiner Arbeiten. Im Hofe arbeitet seit 9. April Geiseler in Muschelkalk meine Gruppe aus. Er will sie bis zum Juni fertig haben.

Dezember 1941

Im Jahre 1918 hatte Ludendorff erklärt, daß er die Führung aufgeben müßte und um Waffenstillstand bitten.
Der kam und das Zurückfluten des Heeres, und dann kam die Revolution. Vorher noch war in den Zeitungen von Richard Dehmel ein Aufsatz erschienen, wo er zum Weiterkämpfen bis zum Weißbluten aufrief. Damals schrieb ich eine Entgegnung. Ich schloß sie mit den Goetheschen Worten aus dem Lehrbrief: „Saatfrüchte sollen nicht vermahlen werden.“ Wie seltsam sich dies alles wiederholt.
Ich beschließe noch einmal — zum dritten Mal — dasselbe Thema aufzunehmen und sagte zu Hans vor ein paar Tagen: „Das ist nun einmal mein Testament: ‚Saatfrüchte sollen nicht vermahlen werden‘.“ In diesen Tagen war mir unerhört schwer ums Herz.
Ich zeichnete also noch einmal dasselbe: Jungen, richtige Berliner Jungen, die wie junge Pferde gierig nach draußen wittern, werden von einer Frau zurückgehalten. Die Frau (eine alte Frau) hat die Jungen unter sich und ihren Mantel gebracht, gewaltsam und beherrschend breitet sie ihre Arme und Hände über die Jungen.[47]
Saatfrüchte sollen nicht vermahlen werden! Diese Forderung ist wie „Nie wieder Krieg!“ kein sehnsüchtiger Wunsch, sondern Gebot, Forderung.

Oktober 1942

Unterdes war Hans hier. Am Mittwoch, dem 14. Oktober. Er kam ganz still zu mir herein. Da wußte ich, daß Peter tot ist. Am 22. September ist er gefallen.

19. November 1942

Seit über einem Monat wissen wir es nun.
In den ersten Tagen trat diese merkwürdige Steigerung ein. Als

ob eine Kraft in mir heranwüchse, die nicht nur mir hülfe tragen, sondern auch den andern. Vor allem Ottilie.
Am Tage darauf waren sie hier, Ottilie, Hans und Lise. Furchtbar, wie Ottilie sagte, wie wenig sie in den letzten Jahren voneinander gehabt hätten, wie stumm und abgeschlossen er war. „Mutter, ich hab' ihn nur satt machen können. Er saß am Tisch, die beiden Fäuste neben dem Teller, und wartete." Und dann: „Er ist wie ausradiert."
Dieser Jammer, dieser furchtbare Jammer in diesen ohne Tränen gesagten Worten.
Da schien es mir, ich könnte ihr etwas unter die Arme greifen. Ich sprach aus meinem *doppelten* Erleben heraus so stark wie ich konnte, so mit Liebe wie ich konnte, und es schien mir, ich hätte ihr etwas gegeben. Aber in den darauffolgenden Tagen merkte ich, wie die Kraft in mir nachließ, und daß ich ihr nicht helfen konnte. Es fehlt ihr nicht an Arbeit und an Ablenkung. Sie betreute den so sehr erschütterten Arne. Jördis und Jutta waren telegraphisch herbeigerufen. Sie hatte eine bestellte und versprochene Arbeit fertigzustellen.
Es hilft eben nichts. Von einer solchen Wunde kann man sich nur selbst von innen heraus — heilen.

[Brief]

[1944][48]

Sehr geehrter Herr! Allgemeingültige Gesetze über die Kunst, wie sie sein sollte, hat es nie gegeben. — Das „Gemeine", das „Schamlose", das „Abstoßende" ist meines Wissens nie in den Begriff aufgenommen, den man der Kunst einräumte, aber zu den verschiedenen Zeiten hat der Begriff davon, was gemein, schamlos, abstoßend ist, gewechselt. So hat in der Frühzeit des Naturalismus Zola, also ein Vertreter dieser Richtung, das Wort geprägt: „Le beau c'est le laid." Der Künstler ist meist ein Kind seiner Zeit, besonders wenn seine eigene Entwicklungsperiode in die Zeit des frühen Sozialismus fällt. Meine Entwicklungszeit fiel in die Zeit des frühen Sozialismus. Dieser ergriff mich gänzlich. Von einer bewußten Arbeit im Dienste des Proletariats war damals für mich keine Rede. Was kümmerten mich aber Schönheitsgesetze, wie zum Beispiel die der Griechen, die nicht meine eigenen waren, von mir empfunden und nachgefühlt? Das Proletariat war für mich

eben schön. Der Proletarier in seiner typischen Erscheinung reizte mich zur Nachbildung. Erst später, als ich Not und Elend der Arbeiter durch nahe Berührung kennenlernte, verband sich damit zugleich ein Verpflichtungsgefühl, ihnen mit meiner Kunst zu dienen. Das ist jedoch — wohl verstanden — nicht tendenziöse Kunst.
Nun aber muß ich bemerken, daß, wenn Sie mich abstempeln zur ausschließlichen Darstellerin des Proletariats, ich sage, Sie kennen meine Arbeit nur sehr unvollständig. Im Laufe langer Jahrzehnte erweiterte sie sich. Ich erlebte, daß neben leiblichem Kummer, leiblicher Not, die Not des Menschen besteht, der unter den Gesetzen des Lebens steht. Trennung, Tod, sind Begleiterscheinungen jeden Lebens. Goethe spricht vom „Erzklang des Lebens". Darin sind eingeschlossen die Grundgefühle eines vollen Lebens, ohne die es überhaupt kein Leben gibt. Um ein Beispiel zu geben: Ein Grundgefühl ist das der Mutterschaft. Nach zahlreichen Darstellungen von Müttern mit Kindern sagte ich mir: Jetzt muß einmal für meinen Begriff erschöpfend dies Thema für mich gelöst werden. So entstand die große Gruppe von der Mutter mit den beiden Kindern. — Ich glaube, Sie werden mir wohl zugeben, daß der Kreis meiner Arbeit umfangreicher ist, als Sie meinten, da Sie meine ganze plastische Arbeit nicht kennen. Es ist kein Wunder, denn seit längerer Zeit wird sie öffentlich nicht mehr gezeigt. Aber die beiden Figuren von Mutter und Vater auf dem Friedhof in Flandern müßten Sie eigentlich doch noch kennen.
Dies wäre nun in Kürze meine Beantwortung Ihrer Rundfrage. Es liegt mir nicht daran, zu den hundert Prominenten gezählt zu werden, die Sie angefragt haben. Führen Sie mich aber an, dann bitte ich um ungekürzte Wiedergabe. — Als letztes nur noch dieses: Ich stehe zu jeder Arbeit, die ich herausgegeben habe. An jede habe ich die Forderung gestellt, sie müßte gut sein, das heißt streng gearbeitet, ohne Schluderei.

Käthe Kollwitz

[Letzte Tagebucheintragung]

[14./15. Mai 1943]

Hans ist heute 51 Jahre alt geworden. In der Nacht zum 14. Mai Alarm. Es war die schönste Mainacht. Hans und

Ottilie gingen lange nicht schlafen. Sie saßen im Garten und hörten einer Nachtigall zu.
Nach seinem Dienst kam Hans, dann auch noch Ottilie und zuletzt Lise. Wir vier saßen zusammen. Auf seinem Geburtstagstisch hatte ich unter das Grabrelief aufgebaut die Lithographie „Ruf des Todes“[49] im letzten Zustandsdruck von mir überarbeitet. Dann stand da eine Zeichnung, die ich vom Karl machte, als er mir einmal vorlas. Wir saßen am Tisch in unserer Wohnstube gegenüber. Diese Zeichnung ist ihm so sehr lieb. Und dann war auch noch die kleine Radierung „Begrüßung“[50] da, die mit dem Tag seiner Geburt eng zusammenhängt.
Josef Faaßens große Kerze leuchtete.
Am nächsten Tag früh, es war der Muttertag, war wieder Hans da und brachte einen großen Fliederstrauß aus dem Garten. Wie beglückend ist es für mich, daß dieser geliebte Junge noch da ist und mich so lieb hat.
Goethe an Lavater 1779: *Aber unsere partikularen Religionen wollen wir ungehudelt lassen. Ich bin aus der Wahrheit der fünf Sinne.*

[Aus einem Brief an Reinhard Schmidthagen]

8. Dezember 1943

[...] Lieber Reinhard, mit welcher Freude reiche ich Ihnen die Hand, mit welchem Dank empfinde ich, daß Wirkung von meiner Arbeit ausgegangen ist. Ich empfinde Sie als den Genossen, der die Fahne weiterträgt. (...) Sei das Leben lang oder kurz — worauf es ankommt ist, daß man *seine* Fahne hochhält und *seinen* Kampf führt. Denn ohne Kampf ist kein Leben. Lieber Mitkämpfer, geben Sie noch einmal die Hand, ich begrüße Sie von ganzem Herzen.

[Brief aus Nordhausen]

17. Februar 1944

Meine lieben Kinder! Vor allem möchte ich Euch sehr dazu raten, daß ihr dem Arne gleich russisch zu lernen beginnt. Es ist die denkbar schwerste Sprache, die man erlernen kann, und er hat, wenn er sie jetzt schon lernt, einen Vorsprung. Späterhin, wie es auch mit allem werden mag, hat er dann den Vorsprung. Hier beginnen die Leute schon jetzt mit der Einstellung auf das Russische. Hat er die Sprache dann weg, so hat er immerhin einen Vorsprung. Bei den vielen Beziehungen, die sich späterhin zwischen den beiden Ländern ergeben werden, hat er durch die Kenntnis der Sprache ein Plus. Also, laßt ihn beizeiten die Sprache lernen. Noch erlernt er sie spielend. Später, sagt man, ist sie so gut wie nicht mehr lernbar.

Einen Ausspruch von Stehr habe ich unterdes gehört, den ich so schön finde. Er sagt, Sterben ist ja nur als ob man sich auf die andere Seite legt. Das ist schön, nicht wahr? Anders ist das nicht, man legt sich eben auf die andere Seite (...) Ich bin *immer* bei Euch.

Eure Mutter

[Brief aus Nordhausen an Ottilie Kollwitz]

21. Februar 1944

Meine liebe Ottilie! [...] Die Kraft, die Gerhard Marcks aufbringt, bleibt mir fast unbegreiflich. Nicht nur, daß sein Sohn gefallen, seine ganze Arbeit ist vernichtet, alles ist hin, und doch fängt der Mensch ein neues Leben an. Wo kommt alle diese Kraft her? Es ist mir fast unverständlich, zu welchem Maß von Ertragen Menschen kommen können. Später wird man diese Zeit kaum mehr verstehen. So muß es nach dem Dreißigjährigen Krieg gewesen sein. Welcher Unterschied schon, als mich im Jahre 1914 der schwerste Schlag meines Lebens traf. Damals nahm ich mir die Freiheit und hielt mich für berechtigt, durch die Arbeit für Roggevelde mich zu retten, gewissermaßen. Es war wirklich ein mir berechtigt erscheinender Versuch. So entstand die Arbeit von Vater und Mutter. Jetzt, nur so wenige Jahrzehnte später, steht das alles wieder in einem anderen Licht. Die Menschen sind bis zur Möglichkeit ihres Ertragenkönnens verwandelt. Aus Deutschlands Städten sind Trümmerhaufen gemacht, und das Schlimmste von allem ist, daß ein *jeder Krieg seinen Antwortkrieg schon in der Tasche hat. Ein jeder Krieg* wird mit einem neuen Krieg beantwortet, bis alles, alles kaputt ist. Wie dann die Welt aussehen mag, wie Deutschland aussehen mag, weiß der Teufel. Darum bin ich mit ganzem Herzen für einen radikalen Schluß dieses Irrsinns und erwarte nur von dem Weltsozialismus etwas. Wie der in meinem Kopf aussieht, wißt Ihr. Und auch welche Voraussetzungen mir dazu die einzig möglichen erscheinen. Der Pazifismus ist eben kein gelassenes Zusehen, sondern Arbeit, harte Arbeit. Es ist sehr bruchstückweise und ungenügend, was mein alter Kopf mir entwickelt.

[Aus einem Gespräch mit Jutta Bohnke]

[Herbst 1944]

Siehst du die reizenden Äpfelchen draußen? Es könnte alles so schön sein, wenn nicht dieser Wahnsinn des Krieges wäre. Sage nicht, „es hat schon immer Kriege gegeben", damit überzeugst du mich nicht, Kriege wohl, aber nicht den *Krieg*. Aber einmal wird ein neues Ideal erstehen, und es wird mit allem Krieg zu Ende sein. In dieser Überzeugung sterbe ich. Man wird hart dafür arbeiten müssen, aber man wird es erreichen.

ANMERKUNGEN ZUM TEXTTEIL

1 Die autobiographischen Texte „Erinnerungen“ (1923) und „Rückblick auf frühere Zeit“ (1941) schrieb Käthe Kollwitz auf Bitte ihres Sohnes Hans. Sie wurden erst nach ihrem Tode veröffentlicht.

2 Freiligraths Gedicht beschäftigte sie bis ins Alter. Es klingt in der Bildinschrift „Die Lebenden dem Toten“ im Liebknecht-Gedenkblatt (1919—1920) nach.

3 Käthe Kollwitz hatte sich 1888 erstmals an einer Ausstellung beteiligt. In einer Wanderausstellung durch Ostpreußen zeigte sie das Genrebild „Vor dem Ball“, das anschließend verkauft wurde. Das Gemälde ist nicht mehr nachweisbar.

4 „Weberzug“, „Sturm“ und „Ende“, Blatt 4—6, (Kl 35—37) der Folge „Ein Weberaufstand“, 1893—1897.

5 Das Tagebuch setzt mit dem 18. September 1908 ein und endet am 14./15. Mai 1945, es umfaßt 10 handschriftliche Hefte mit etwa 1 700 Seiten. Ein großer Teil des Tagebuchs ist unveröffentlicht.

6 „Tod, Frau und Kind“, Radierung (Kl 113).

7 Seit 1910 arbeitete Käthe Kollwitz auch plastisch. Erst in der Mitte der zwanziger Jahre war sie sich über die Grundidee des Mahnmales klar. Die Arbeit an der 1. Fassung brach sie im Juni 1919 ab.

8 Georg Reike, Oberbürgermeister von Berlin.

9 Siehe Anm. 21 zum Nachwort.

10 Es handelte sich um Leo Jogiches (1867—ermordet 1919). Die Zeichnung NT 791.

11 Mit der Lithografie „Wien stirbt! Rettet seine Kinder!“ (Kl 143) und drei Flugblättern beteiligt sie sich am Kampf gegen die Nachkriegsnot.

12 Gemeint ist: W. I. Lenin, Die große Initiative, erschienen im Juli 1919 in Sowjetrußland. Die Schrift wurde 1920 in mehreren deutschen Zeitschriften, z. T. unter dem Titel „Über kommunistische Samstage“, veröffentlicht. Vergleiche dazu: Lenin, Werke Bd. 29, Berlin 1976, S. 397—424.

13 „Helft Rußland!“, Lithografie (Kl 154). Käthe Kollwitz schuf das Blatt für die Internationale Arbeiterhilfe (IAH). Sie stiftete im Rahmen der Deutschen Künstlerhilfe der IAH 300 signierte Drucke.

14 Sie sah die Holzschnitte „Die Vertriebenen“ (Werkverzeichnis Schult 154), „Kindertod“ (Schult 157), „Kreuz- und Sargräuber“

(Schult 158) und „Barmherziger Samariter" (Schult 163). Barlach schuf diese Blätter 1919.

15 „Die Mütter", Lithografie, 1919, (Kl 135), nicht zu verwechseln mit Blatt 6 der Holzschnittfolge „Krieg" (Kl 182).

16 „Zwei Tote" (Kl 140, dort irrtümlich auf 1919 datiert). Im allgemeinen wird das Liebknecht-Gedenkblatt als ihr erster Holzschnitt betrachtet. In einem Brief an Max Lehrs aus dem Jahre 1921 bestätigt sie das Blatt „Zwei Tote" als ihren ersten Holzschnittversuch. Es ist natürlich möglich, daß sie die Arbeit am Liebknecht-Holzstock bereits 1919 begann und „Zwei Tote" während der Vollendung des Gedenkblattes geschnitten wurde.

17 Siehe Anm. 21 zum Nachwort.

18 „Das Opfer", „Die Freiwilligen", „Die Eltern", „Die Witwe I", „Die Witwe II", „Die Mütter", „Das Volk" (Kl 177—183), 1924 vollendet.

19 Max Klinger war am 4. 7. 1920 verstorben. Am 8. 7. erfolgte die Beisetzung in Großjena bei Naumburg. Käthe Kollwitz sprach im Auftrag der Freien Sezession Berlin. Weiterhin sprachen die Maler Leopold Graf von Kalckreuth, Robert Sterl, als Vertreter der Stadt Leipzig der Architekt Hugo Licht, der Archäologe Franz Studnitzka und die Kunsthistoriker Julius Vogel und Julius Zeitler.
Max Klingers Werk hatte auf Käthe Kollwitz einen großen Einfluß gehabt. Sein Radierwerk, vor allem der Zyklus „Ein Leben" (1883) und die Folgen „Dramen" (1883), „Vom Tode", I und II, (1889 bis 1909) wirkten auf sie. Klingers bedeutsame Schrift „Malerei und Zeichnung", die 1891 als Privatdruck erschien, las sie im gleichen Jahr. Das Studium des Buches machte ihr klar, daß sie sich nicht zur Malerin entwickeln kann. 1891 schuf Käthe Kollwitz ihre ersten Radierversuche. (Siehe auch Anm. 24 zum Nachwort.)

20 Nachdenkende Frau, Lithografie, 1920 (Kl 147).

21 Durch die Darstellung der Heimsuchung von Konrad Witz wird sie zu den Holzschnitten „Maria und Elisabeth" (Kl 212 und 234) angeregt.

22 Die Erprobung in der Holzbildhauerei blieb aus. Das Motiv der im Kreis stehenden Mütter, Blatt 6 der Folge „Krieg" (Kl 182), führte sie 1937 als Bronzeplastik aus.

23 „Die Überlebenden", Lithografie (Kl 184).

24 Plakat gegen den Abtreibungsparagraphen 218, von der KPD 1924 herausgegeben (Kl 189).

25 Théophile Alexandre Steinlen wirkte durch seine sozialkritische Grafik und die Art seiner Lithografie-Technik auf Käthe Kollwitz. Er hatte die Künstlerin an den Internationalen Gewerkschaftsbund in Amsterdam empfohlen.

26 „Die Carmagnole", Radierung, 1901 (Kl 49).

27 Holzschnittfolge „Proletariat“: „Erwerbslos“, „Hunger“, „Kindersterben“, 1925 (Kl 206—208).

28 „Mutter Krausens Fahrt ins Glück“, Prometheus-Film-Verleih und Vertriebs GmbH, 1929. Regie: Piel Jutzi; Drehbuch: Willi Döll, Jan Fethke nach Erzählungen und Motiven von Heinrich Zille und Otto Nagel. Der Film wurde unter dem Protektorat von Käthe Kollwitz, Hans Baluschek und Otto Nagel gedreht.

29 Siehe Anm. 26 zum Nachwort.

30 Käthe Kollwitz richtete den Brief an Otto Nagel, der sich in der Sowjetunion aufhielt und die I. Deutsche Kunstausstellung betreute. Die Ausstellung, die auch Arbeiten von Käthe Kollwitz enthielt, war in Leningrad, Moskau und Saratow zu sehen.

31 Käthe und Karl Kollwitz nahmen an einer Erholungsreise für Kulturschaffende teil, die vermutlich von der Preußischen Akademie der Künste organisiert wurde. Sie reisten nach den Kanarischen Inseln (Teneriffa) und die Insel Madeira (Funchal) im Atlantik. Für einen Tag waren sie in Sevilla, Spanien. Käthe Kollwitz besuchte allein die Kathedrale.

32 Zitiert nach: Diether Schmidt, Manifeste Manifeste 1905—1933 (Künstlerschriften I), Fundus-Reihe Bd. 15—17, Dresden o. J. (1965), S. 367 und 372.

33 Käthe Kollwitz veröffentlichte diese Stellungnahme zum 10. Jahrestag der Oktoberrevolution in der Sowjetunion-Sondernummer der AIZ (Die Arbeiter-Illustrierte Zeitung), VI. Jg., Nr. 43 vom 26. 10. 1927.

In der Kollwitz-Literatur wird meist fälschlich als Quelle Nr. 20 der AIZ des Jahrgangs 1927 genannt.

Die AIZ hatte mit Grußworten und Bildnisfotos prominenter Persönlichkeiten eine Doppelseite gestaltet, u. a. äußerten sich N. K. Krupskaja, H. Barbusse, S. M. Eisenstein. Der Text ist identisch mit ihrer Antwort auf eine Umfrage der „Moskauer Abendzeitung“, die diese am 11. November 1927 veröffentlichte.

Käthe Kollwitz schrieb den Brief an Gorki zu seinem 60. Geburtstag am 28. 3. 1928. Gorkis Roman „Die Mutter“ hatte sie 1907 in der Veröffentlichung des „Vorwärts“ gelesen. Die erwähnte Kalmykowa ist die russische Sozialrevolutionärin Alexandra Michailowna Kalmykowa (1849—1926), die sie während ihrer Parisreise 1904 kennenlernte.

Der Brief zitiert nach Jelena Martschenko, Käthe Kollwitz und die sowjetischen Grafiker; in: Dezennium 2, Dresden 1972, S. 145.

Beim vorliegenden Text handelt es sich um eine Rückübersetzung aus dem Russischen. Der russische Wortlaut in:

В. В. Турова, Кэте Кольвиц, Дневники, Письма, Воспоминания современников, Москва 1980, S. 47.

34 Reichskunstwart E. Redslob, der ihr für die Realisierung eine Unterstützung von 10000 Mark zusagt, die sie 1927 erhielt. Die Summe war vor allem für die Übertragung der Figuren in Granit erforderlich.

35 Muttergruppe (Mutter mit zwei Kindern), Gips, als Kalksteinausführung erst 1937 vollendet.

36 Max Lingner ging 1928, dem Ratschlag von Käthe Kollwitz folgend, nach Paris.

37 Gipsausführungen der Gruppe für Roggevelde.

38 Otto Nagel befand sich in der Sowjetunion, wo er die bis dahin umfangreichste Kollwitz-Ausstellung im Ausland betreute. In Moskau und Leningrad waren 142 Arbeiten ausgestellt. Drei Tage nach der Tagebucheintragung schrieb sie an Nagel: „Wären Sie hier gewesen, lieber Otto Nagel, Sie hätten, glaub' ich doch, einen Weg gefunden, auch die kommunistischen Arbeiter dafür zu interessieren." In: Otto Nagel, Käthe Kollwitz, Dresden 1971, S. 64.

39 Käthe Kollwitz wurde von dem Garten- und Landschaftsgestalter Reinhold Lingner (1902—1968) begleitet, der seit 1927 bei der Gestaltung der deutschen Gefallenenfriedhöfe in Belgien tätig war. Die Tagebuchstelle wurde oft irrtümlich auf den Maler Max Lingner bezogen. Reinhold Lingner emigrierte 1933 nach Paris und war nach 1945 in Berlin tätig. Er schuf 1949 die erste Gestaltung des Käthe-Kollwitz-Platzes in Berlin-Prenzlauer Berg, wo sich heute das Kollwitz-Denkmal von Gustav Seitz (1957) befindet.

40 Zitiert nach: Diether Schmidt, In letzter Stunde 1933—1945 (Künstlerschriften II), Fundus-Reihe Bd. 10/11, Dresden 1964, S. 27.

41 Käthe Kollwitz hatte im Fahnenabzug einen Aufsatz über sich erhalten, in dem sie zur unpolitischen Künstlerin erklärt wurde. Diese Darstellung sollte es ihr ermöglichen, wieder mit Arbeiten an die Öffentlichkeit zu treten. Dieser Aufsatz war ohne ihr Wissen von Arthur Bonus geschrieben worden. Sie veranlaßte, daß eine Veröffentlichung unterblieb. In mehreren Briefen an Arthur Bonus erläuterte sie ihre kompromißlose Haltung. Leider ist gerade der volle Wortlaut dieser Briefe verloren, so daß nur indirekt auf den Vorgang geschlossen werden kann. Vergleiche dazu: Beate Bonus-Jeep, Sechzig Jahre Freundschaft mit Käthe Kollwitz, Berlin 1967, S. 216f.

42 Arthur Bonus, Das Käthe-Kollwitz-Werk, Verlag *Carl Reissner*, Dresden 1925, erweiterte Ausgabe 1930.

43 Folge „Tod", Lithografien: „Frau vertraut sich dem Tod an", „Tod hält Mädchen im Schoß", „Tod greift in Kinderschar", „Tod packt eine Frau", „Tod auf der Landstraße" (Kl 256—260); bis 1935 erweitert sie die Folge: „Tod wird als Freund erkannt", „Tod im Wasser", „Ruf des Todes" (Kl 261—263).

44 Das Selbstbildnis ist eine Büste, an der sie seit 1924 arbeitete, Vollendung in Bronze 1936.

45 Relief für das Familiengrab, Bronze, 1935/36.

46 Muttergruppe (Mutter mit zwei Kindern), Gips, 1935.

47 „Saatfrüchte sollen nicht vermahlen werden", Lithografie, 1942 (Kl 267).

48 In Nordhausen erhielt Käthe Kollwitz einen Brief, der gleichzeitig an hundert prominente Künstler gegangen war. Sie sollte sich über die Würde in der Kunst äußern. Der nicht bekannte Absender, der ihr Schaffen als „Gossenmalerei" kennzeichnete, plante mit den Äußerungen ein Buch. Vergleiche dazu: Beate Bonus-Jeep, Sechzig Jahre Freundschaft mit Käthe Kollwitz, Berlin 1967, S. 252—254.

49 „Ruf des Todes", Lithografie, 1934/35 (Kl 263).

50 „Begrüßung", Radierung, 1892 (Kl 10).

NACHWORT

Goethe an Lavater: „Aber unsere partikularen Religionen wollen wir ungehudelt lassen. Ich bin aus der Wahrheit der fünf Sinne."
Letzte Tagebucheintragung

Für das Schaffen von Käthe Kollwitz gilt, was sie selbst beim Tode des Bildhauers Auguste Rodin niederschrieb: ihr Werk, wie das des französischen Meisters, erscheint als ein Œuvre, das „Wellen der Beurteilung lächelnd überdauert". Es ist bleibend, obwohl die Kunstentwicklung des 20. Jahrhunderts viele Wege und Wandlungen kennt. Das wird niemand bestreiten. Doch Käthe Kollwitz war von ständigen Zweifeln geplagt: Ihre Tagebücher und Briefe sind ein Spiegel des verzweifelten Ringens mit sich.
Das bildnerische Schaffen der Käthe Kollwitz betrachten wir als festen Teil der modernen europäischen Kunst. Ihre Grafiken und Plastiken wurden in einem guten Sinne populär, aber es gibt auch eine Sehermüdung gegenüber dieser Bildwelt, denn zu oft wurden ihre Darstellungen zu Illustrationen von sozialen Zuständen der Vergangenheit gemindert. Zu einer unvoreingenommenen Betrachtung kann die Begegnung mit dem schriftlichen Teil ihres Werkes anregen. Sehen, Erleben und Verstehen ihrer Kunst wird durch die Reflexion darüber erleichtert, und es erweist sich die Widerstandskraft dieser Bilder gegen Abnutzung durch Agitation.
Bis zur Grenze der Mittel, gespannt durch Schmerz, Klage und Trauer, steht die Bildwelt von Käthe Kollwitz vor uns. Das quälende Leid wird nur durch wenige Blätter und Plastiken überstimmt, die von bewußter Kraft und schlichter Schönheit erfüllt sind. In ihnen spricht sie Wissen um die Stärke einer handelnden Gemeinschaft und Zuversicht aus, geht in diesen Werken weit über den Ausdruck von Not und Sorge hinaus. Um so härter empfindet der Betrachter jedoch den allgemeinen Grundzug ihres Schaffens: er ist Klage. Aber Klage mit Haltung, „nicht über Geringfügiges, und niemals kläglich",

wie es Christa Wolf mit Blick auf Ingeborg Bachmann bemerkte.[1] Nicht nur um Mitleid ging es ihr, Käthe Kollwitz forderte Mitarbeit und Hilfe bei der Veränderung menschenunwürdiger und menschenvernichtender Zustände. Sie forderte das von sich und den Betrachtern ihrer Kunst. Jedoch rückt sie in der Klage nie vom Anspruch auf Kunst ab. Selbst wenn eine hohe Druckauflage nötig wurde und damit weite Verbreitung oder schnelle Wirkung, ja sogar direkter Verschleiß beabsichtigt war, rang sie um eine bildkünstlerische Form, die sie für gültig erachtete. Dabei wußte sie: die Proletarier waren im einzelnen durch ihre Kunst schwer erreichbar. Aber sie hatte für ihre Rufe kein wirkungsvolleres Mittel. In die Hoffnung auf die Zukunft war auch Glaube an die Zukunft der Kunst einbegriffen. Aus dieser Haltung heraus formulierte sie ein Bekenntnis, in das ihr persönliches Leid im ersten Weltkrieg und die Enttäuschung über die gescheiterte deutsche Revolution eingingen. „In solchen Augenblicken, wenn ich mich mitarbeiten weiß in einer internationalen Gemeinschaft gegen den Krieg, hab' ich ein warmes, durchströmendes und befriedigendes Gefühl [...] Ich bin einverstanden damit, daß meine Kunst *Zwecke* hat. *Ich will wirken* in dieser Zeit, in der die Menschen so ratlos und hilfsbedürftig sind. Viele fühlen jetzt die Verpflichtung, wirken und helfen zu wollen, aber mein Weg ist klar und einleuchtend; andere gehen unklare Wege."[2]
In diesen Tagebuchsätzen aus dem Jahre 1922 finden wir ihr Programm umrissen, das Käthe Kollwitz für sich notierte, zur Selbstverständigung und -behauptung. Als künstlerisches und politisches Programm gleichermaßen durchzieht es über den Anlaß hinaus alle ihre Bemühungen. Mit solch einem Credo, „*Ich will wirken* in dieser Zeit", stand sie damals keinesfalls allein. Groß ist die Zahl der Künstler, die das nach 1918 als Notwendigkeit erkannten und aussprachen. George Grosz formulierte es 1924 kompromißlos und aggressiv: „Kunst ist für mich keine ästhetische Angelegenheit. Zeichnen nicht Selbstzweck ohne Sinn. Kein musikalisches Gekritzel, das nur von feinnervigen Gebildeten zu erfühlen und zu erraten ist. Zeichnen hat sich wieder einem sozialen Zweck unterzuordnen."[3] Eine vergleichbare Position bezog Paul Klee, auch wenn er in der bildnerischen Form grundsätzlich andere Bemühungen verfolgte. In seinem bedeutungsvollen „Jenenser Vortrag"

1924 sagte er: „Manchmal träume ich ein Werk von einer ganz großen Spanne durch das ganze elementare, gegenständliche, und stilistische Gebiet. Das wird sicher ein Traum bleiben, aber es ist gut, sich diese heute noch vage Möglichkeit ab und zu vorzustellen. Es kann nichts überstürzt werden. Es muß wachsen, es soll hinaufwachsen, und wenn es dann einmal an der Zeit ist, jenes Werk, desto besser! Wir müssen es noch suchen. Wir fanden Teile dazu, aber noch nicht das Ganze. Wir haben noch nicht diese letzte Kraft, denn: uns trägt kein Volk. Aber wir suchen ein Volk, wir begannen damit, drüben am staatlichen Bauhaus."[4] Drei Äußerungen von Künstlern, die kaum vergleichbar scheinen, aber auf eindringliche Weise für eine der fruchtbarsten und andererseits widerspruchsvollsten Epochen der deutschen Kunst stehen, Jahre, in denen das Bewußtsein jedes wirklichen Künstlers geschärft auf Erfordernisse und Nöte des Tages reagierte.

Käthe Kollwitz stellte ihr ganzes Schaffen in den Dienst der von ihr erklärten Wirkungsabsicht. So ergab es sich für sie geradezu zwangsläufig, daß das Leben der Arbeiterklasse die Mitte des Werkes bildete. Sie kannte das Leben des Arbeiters, sah die Not. Elend und Hunger waren für Käthe Kollwitz nicht nur durch die Literatur vermittelte Erfahrung, die sie durch Zolas „Germinal" und Hauptmanns „Weber" machte. Ausbeutung, Hunger, Krankheit, Arbeitsunfähigkeit und Arbeitslosigkeit, Selbstmord, Abtreibung, Prostitution und Alkoholismus erlebte sie in den Arbeitervierteln des Berliner Nordens. Aber sie war auch Augenzeuge von Aufbegehren, impulsivem Aufruhr wie kühn geführte revolutionäre Aktion, sah die durch weißen Terror Erschlagenen. Und das Leid durch den Krieg erfuhr sie in der eigenen Familie. Ihr Sohn Peter, einer der begeisterten Freiwilligen, fiel zu Kriegsbeginn in Flandern. Aus dem Schmerz, der sie überwältigte und durch Jahre quälte, erhob sie sich, indem sie ihre wichtigste Aufgabe erkannte: unermüdlich trat sie nun gegen den Krieg ein, mit Wort und Bild.

Im Tagebuch kann man verfolgen, wie sie in den Jahren des ersten Weltkrieges erst unsicher, dann kompromißlos ihre Antikriegsposition findet. Gewiß spürt Käthe Kollwitz auch, daß der Künstler nicht nur in seiner Kunst dieser Aufgabe genügen sollte. Am 30. Oktober 1918 sprach sie sich im sozialdemokratischen „Vorwärts" scharf gegen Richard

Dehmels Aufruf zur Mobilisierung der letzten Kräfte des Volkes aus, der Zorn brach aus ihr heraus: „Es ist genug gestorben! Keiner darf mehr fallen!"[5] Sie sah nur noch ein Ziel, die Beendigung des Krieges. Ihr Ringen gegen den Krieg war verbunden mit Ablehnung jeder nationalistischen Enge. Dafür ist ihr Nachruf auf den Bildhauer Rodin,[6] der im Weltkriegsjahr 1917 erschien, ein schönes Zeichen. Es gab nicht viele Rodin-Nachrufe in Deutschland, denn bis zum Ausbluten tobte der Krieg der imperialistischen Mächte, in dem ein nicht geringer kultureller Chauvinismus aufgeboten wurde. Geistige Isolierung war die Folge, unter der die deutschen Intellektuellen wie an einer Krankheit litten, schrieb einige Jahre später Klaus Mann. „Vier Jahre haßerfüllten, grausamen Kampfes hatten genügt, den Begriff einer Universalkultur außer Kurs zu setzen."[7] Käthe Kollwitz bewahrte sich, was sie ihm Frühjahr 1904 in Paris von Rodins Kunst empfangen hatte. Die wenigen Zeilen über Rodin waren ein aufrichtiger Hinweis auf die Kultur des französischen Volkes.

Für fast jede Analyse des Kollwitz-Werkes wird zu einem wichtigen Ausgangspunkt, daß es das Werk einer Frau ist. Sicher konnte nur eine Frau jene Bildwelt formulieren, die so direkt aus der Gefühls- und Gedankenwelt der Frauen genährt wird, jedoch nie „Frauenkunst" blieb. Durch ihr Tagebuch zieht sich die Suche nach der Identität als Frau und Künstlerin. Sie erreichte nicht nur jenes Maß an Selbstbewußtsein und gesellschaftlicher Anerkennung, das künstlerisch oder wissenschaftlich tätige Frauen in der ersten Jahrhunderthälfte erringen konnten. Sie stieß weiter vor, drang tiefer in der Selbstverständigung. Eine Haltung findet sich, die bürgerliche Grenzen der Geschlechterrollen überwindet und menschliche Emanzipation überhaupt als Aufgabe sah. Diese Dimensionen ihres Denkens sind bisher nur beiläufig betrachtet, geben aber die Möglichkeit einer anderen Sicht auf ihre Bilder, vermitteln neue Wertungskriterien vor allem im Vergleich mit anderen bildenden Künstlerinnen. Käthe Kollwitz leistete für die Befreiung der Frauen mehr als mancher Frauenrechtverband oder Frauenkunstausstellungen. Sie spürte, daß die Lösung der Frauenfrage mit der Veränderung der Lebensbedingungen der am tiefsten Erniedrigten beginnt, den Mädchen, Frauen, Müttern und Witwen aus dem Proletariat, sah weiterhin, wie die Befreiung der Frau nur Teil einer umfassenden Befreiung sein kann. Darum stand sie auch jener „Frauenkunst“ fern, die sich nur vom durch Männer beherrschten Ausstellungswesen emanzipieren wollte. Für das Schaffen ihrer Maler- und Bildhauerkolleginnen hatte sie nur einen Maßstab: den allgemeiner hoher Qualität und jene Forderungen, wie sie aus den gesellschaftlichen Notwendigkeiten resultierten. Sie richtete sich als Frau an alle, an die ganze Klasse, von deren Stärke und Zukunft sie überzeugt war.

Äußere Einflüsse und gefühlsbetonte Wandlungen konnten sie in ihrer Suche stark beeinflussen. Gewiß, sie zweifelte oft an politischen Führern, Richtungen und Parteien, war sich unklar über praktische Methoden der Politik. Aber an der Arbeiterklasse zweifelte sie nie. In ihren Schriften und Briefen kann man das Ringen um eine eigene politische Position nachvollziehen. Es war für sie ein schmerzhafter Prozeß, so hart wie ihre künstlerische Arbeit.

Käthe Kollwitz zählte in Deutschland zu den ersten bildenden Künstlern, die 1917 die Oktoberrevolution nicht nur zur Kenntnis nahmen, sondern sie als eine grundlegende historische Veränderung begriffen. Silvester 1917 überschaute sie das Jahr und notierte im Tagebuch: „Gegeben hat es neue Ausblicke durch Rußland. Von da ist etwas Neues in die Welt gekommen, was mir entschieden vom Guten zu sein scheint. Eine neue Hoffnung, daß in der Entwicklung der Völker in der Politik nicht wie bis jetzt nur Macht entscheidet, sondern daß von nun an auch Gerechtigkeit mitwirken soll. Die Russen haben gezeigt, daß eine Möglichkeit dazu ist, und dies ist vielleicht das schönste geistige Erlebnis im letzten Jahr gewesen.“[8] Sie fand hier Halt, und die revolutionären Kämpfe in Deutschland wurden von ihr unter dem Eindruck der Hoffnung auf grundlegende Veränderungen beobachtet. Unsicherheiten verleugnete sie nicht: „Furchtbarer Druck im Gefühl. Eben sage ich mir noch, wenn Wahl zwischen Diktatur Ebert und Diktatur Liebknecht, ich bestimmt Ebert wählen würde,“[9] aber sie erkennt sofort bestürzt, wenn die Reaktion marschiert, und ahnt alle Konsequenzen.

Lange rang sie um ein Verhältnis zu Liebknecht. Erst Liebknechts Ermordung machte eine Entscheidung möglich, in der ihre Beziehung zur Revolution überhaupt gipfelt. Es ist deshalb auch mehr als nur Schilderung des Privaten, wenn sie nach einem Besuch am Grab ihres Bruders im November 1933 im Tagebuch notiert: „Am Bußtag sind Karl und ich auf dem Friedhof. Ich lege Konrad rote Nelken hin für ihn und für seine tote Sozialdemokratie.“[10]

Ihre Vorstellungen vom Sozialismus und seiner Verwirklichung blieben ungenau, jedoch gewann sie sehr schnell ein scharfes Bild vom deutschen Faschismus. Ihre Einsicht in die politische Entwicklung und das erforderliche Handeln gipfeln im „Dringenden Appell“, unter den sie und Karl Kollwitz noch im Februar 1933 mutig ihren Namen setzten.[11]

Einen großen Einfluß auf ihr politisches Reifen übte Konrad Schmidt aus, der ältere Bruder. Er machte sie in der Jugend mit sozialistischem Gedankengut vertraut. In den Jahren nach 1887 hatte er einen engen Kontakt zu Friedrich Engels. Wie sehr Engels ihn schätzte, zeigt ein Brief an Kautsky von 1889: „Schmidt hat sich in aller Stille zum Marxianer entwickelt [...] Schmidt ist ganz von selbst zu uns gekommen, ohne irgendwelche Aufmunterung, ja trotz vieler indirekter Warnungen meinerseits, und ganz einfach, weil er der Wahrheit nicht widerstehen konnte.“[12] Später, nach Engels' Tod, rückte Schmidt vom Marxismus ab und wandte sich dem neukantianischen Reformismus zu. Es ist im gewissen Sinne verständlich, daß für Schmidt und in verhaltenerer Weise auch für Käthe Kollwitz die Philosophie ihres Königsberger Landsmannes Immanuel Kant ein wirkendes Erbe war und beide der Neukantianismus besonders beschäftigte. Der Reformismus war jedoch seit 1914 für die Position von Konrad Schmidt so bestimmend, daß er nach der Novemberrevolution das Verhältnis zu jeder Veränderung der gesellschaftlichen Zustände durch politischen Kampf verlieren mußte. Für Käthe Kollwitz gaben demgegenüber das Kriegserlebnis, die Nachkriegsnot und der konterrevolutionäre Terror immer wieder emotionale Anstöße, die tiefer und nachhaltiger auf sie wirkten als philosophische Systheme. Im März 1926 schreibt sie voll Trauer über ihren Bruder: „Ich habe früher nicht so gemerkt, *wie* alt Konrad ist. Manchmal hinfällig wie ein Greis. Sein Rückerinnern geht auch immer in jene Zeit zurück, als er noch im Aufstieg war, als Engels viel von ihm erwartete.“[13]

Eine besonders nachhaltige Bedeutung für ihr Denken und Schaffen gewann seit Beginn der zwanziger Jahre die Freundschaft mit Otto Nagel, dessen Begabung sie schnell erkannte

und förderte. Dieser anregenden Beziehung verdanken wir einige ihrer besten Arbeiten. Für die Internationale Arbeiterhilfe zeichnet sie die Lithographie „Helft Rußland" (Kl 154), die nach 1921 in vielen hundert Exemplaren verbreitet wurde; arbeitet den Steindruck „Brot" (1924, Kl 196) für die sogenannte „Hunger-Mappe" der IAH. Im Jahre 1931 erbat Otto Nagel im Auftrag der Arbeiter-Illustrierten-Zeitung eine Grafik als Beilage für die Mai-Nummer. Sie zeichnete zwei ihrer schönsten Steindrucke, von denen die kraftvolle „Demonstration" (Kl 242) in der AIZ erschien. Als Otto Nagel 1932 mit mehr als 140 Kollwitz-Blättern in die Sowjetunion reiste, um in Moskau und Leningrad Ausstellungen zu veranstalten, gab Käthe Kollwitz ein beeindruckendes Blatt mit: Vier Proletarier, Schulter an Schulter, mit kreuzweise verschränkten Armen, — eine Mauer aus Menschen —, das war ihre Antwort auf die heraufziehende Kriegsgefahr und die imperialistische Einkreisung der Sowjetunion. „Wir schützen die Sowjetunion" schrieb sie unter die Lithographie „Solidarität" (Kl 248). Beunruhigt vom wachsenden faschistischen Terror, sah sie nur einen Ausweg, den wir in ihren Demonstrationsdarstellungen und dem Blatt „Solidarität" gleichnishaft verbildlicht finden. „Es bleibt die Hoffnung auf die Kraft des Proletariats", schrieb Dr. Karl Kollwitz an Otto Nagel nach Moskau.[14]
Die Tiefe der Freundschaft zu Nagel und das Vertrauen zu ihm als Kommunist zeigt das Tagebuch jener Woche: Bestürzt registrierte sie die geringe Resonanz der Arbeiterpresse auf die Ausstellung der Granitfassung ihres Kriegerehrenmals für Roggevelde in der Vorhalle der Berliner Nationalgalerie. „Viele Menschen haben sie gesehen und haben einen starken Eindruck gehabt. [...] Etwas kränkt oder ärgert mich, wie man's nennt. Die kommunistischen Blätter schweigen. Eine kleine Notiz soll neulich die ‚Rote Fahne' gebracht haben: man vermisse die Antikriegsgeste. Es ist *dumm, es ist hanebüchen dumm* — aber den Schaden habe ich doch, denn die breiten Arbeitermassen kommen nun nicht hin. Wäre Otto Nagel hier, — der hätte das nicht gelitten!"[15] Sie hatte eine größere Wirkung erwartet. Ihre Enttäuschung ist verständlich, bildete doch die Gruppe des Ehrenmals jenes Werk, das seit Beginn der 20er Jahre immer mehr in das Zentrum ihrer Arbeit gerückt war. Seit der ersten Idee eines Denkmals für den gefallenen Sohn Peter steigerte sich das Vorhaben über

mehrere plastische Skizzen und aufwendige Entwürfe zu einer Gefallenenehrung, die weit über den ursprünglichen persönlichen Anlaß hinaus ging. Indem sie jeden anekdotischen Zug tilgte und um einen straffen Formzusammenschluß rang, fand sie eine neue Qualität in ihrer bildhauerischen Arbeit. Sie erreichte Geschlossenheit der Oberflächen und Silhouetten, in denen sich Gegenständlichkeit und moderne Plastizität verbanden, bestärkte sie in ihrer Arbeit als Plastikerin. In den Figuren für Roggevelde scheint zusammengefaßt, was sie seit dem Ende des ersten Weltkrieges bewegte. Die Ablehnung des Mahnmals durch rechte Kreise als „unvölkisch" war ihr gleichgültig.[16]

„Ich bin einverstanden, daß meine Kunst *Zwecke* hat",[17] aber: „Der Zweck heilige die Mittel, wäre ein falscher Standpunkt, gerade auf die Mittel komme es an, sie seien imstande, auch den besten Zweck ins Schlechte zu verkehren",[18] findet sich im Tagebuch. Politisch gemeint, gewinnt es doch künstlerische Konsequenzen. Die Zwecke, auf die sich ihre Kunst richtet, versucht sie nicht durch Agitation zu erreichen, ihr künstlerisches Ziel ist weiter gesteckt. Sie vermeidet die Karikatur, das Lehrhafte und den Schock, Elemente, die für die sozialistische Kunst unter bürgerlichen Bedingungen oft große Bedeutung hatten. Sie wollte über den von der Form getragenen Ausdruck wirken. Jedoch nicht jener Ausdruck wurde gesucht, der beispielsweise schon in der Darstellung eines vom Hunger ausgezehrten Gesichtes liegt. Sie erfaßte den Ausdruck als eine Seite der Form der Darstellung. Trotzdem kommt sie nicht zu dem, was wir heute für die bildende Kunst summarisch unter Expressionismus fassen. Zweifellos berührten sie jedoch expressionistische Gestaltungsweisen. Einige ihrer Holzschnitte lassen sich stilistisch so deuten, der Schnitt „Hunger" (1923, Kl 169) oder Blatt 2 der Folge „Krieg", „Die Freiwilligen" (1922—23, Kl 178). Auch die Schnittweise in einigen Details des Gedenkblattes für Karl Liebknecht (1919—20, Kl 139) tangiert Expressionistisches. „Freilich reine Kunst in dem Sinne wie zum Beispiel die Schmidt-Rottluffsche ist meine nicht"[19], hatte sie 1922 notiert, meinte diesen Vergleich in mehrfacher Hinsicht. Sie spürte gerade in der Holzschnitttechnik die Gefahr leichter Erzeugung wirkungsvoller Effekte, sie wollte aber nicht [...] das mitmachen, was jetzt Mode ist, die Fleckenwirkung."[20] Die Werkgeschichte des

Liebknecht-Blattes (von Versuchen in der Radiertechnik über lithographierte Fassungen zum Holzschnitt)[21] zeigt, daß sie zur Ausdruckssteigerung nicht aus primärer Formerprobung kommt, sondern umgekehrt: der gesuchte Ausdruck war in der durch sie perfektionierten Radiertechnik nicht zu erreichen. Sie hatte auch die Versuche ihres Sohnes und seiner Freunde kennengelernt, die sich in der Malerei mit expressionistischen Tendenzen auseinandersetzten. Sie stand dieser Suche unvoreingenommen gegenüber, erfüllt von kollegialem Interesse und durchaus neugierig. „Wenn ich doch noch lernen könnte von der neuen Richtung und doch selbständig bleiben", bekannte sie 1913.[22] Ihr Gegenentwurf zur bürgerlichen Gesellschaft bedurfte keiner Formrevolution. Sie zog sich auch nicht in die Welt des Caféhauses, des Theaters, des Zirkus, des Boheme-Lebens, der Vagabunden und kleinen Dirnen zurück, wie es für viele Künstler charakteristisch war, die auf diese Weise das Bürgertum negierten. Andererseits hatte für sie das Leben der Arbeiter nichts Exotisches. Die von ihr verwirklichte Ausdrucksstärke lebt gerade aus der „humanen Potenz ihrer Modelle" (Peter H. Feist).[23]

Aus den Tagebuchstellen, in denen zeitgenössische Künstler genannt sind oder Urteile über deren Arbeit ausgesprochen werden, sollte man nicht auf das ganze Verhältnis von Käthe Kollwitz zur Kunstentwicklung schließen. Das Auftauchen eines Namens im Tagebuch war von vielen Zufällen mitbestimmt. Oft kommen Namen vor, die heute vergessen sind, zahlreiche Persönlichkeiten, mit denen sie zweifellos Kontakte hatte, werden andererseits nie erwähnt. Solange nicht der gesamte Umfang des verstreuten Briefmaterials erfaßt und kritisch gesichtet wird, fallen die relativ wenigen Erwähnungen von Kollegen im Tagebuch und den bisher veröffentlichten Briefen ins Auge. Es finden sich natürlich auch Wertungen, die deutlich ausgesprochen sind und uns ihre Position zeigen. Das sind die Äußerungen zu Karl Stauffer-Bern, Otto Greiner, Max Klinger, zu Ernst Barlach, August Gaul, Hugo Lederer, Max Liebermann, Lovis Corinth oder Karl Schmidt-Rottluff. Eine besonders aufschlußreiche Quelle ist ihre Ansprache, die sie am 8. Juli 1920 zur Beisetzung Max Klingers in Großjena bei Naumburg hielt. Sie erfüllte dadurch nicht nur die Kondolenzpflicht der Berliner Sezession, sondern sie drückte ihr eigenes Verhältnis zu Klinger

und seinem Werk aus.[24]
Häufig spricht sie in ihren Aufzeichnungen auch von der Arbeit befreundeter Maler- und Bildhauerkolleginnen, mehrmals von Maria Slavona, Frieda Winckelmann, Linda Kögel, Sella Hasse. Sie überschätzt jedoch meist deren Leistung. Oft stellte sie die Arbeitsergebnisse anderer Künstlerinnen über ihre eigenen, — dabei erscheinen fast alle von Käthe Kollwitz erwähnten Kolleginnen heute als zweit- oder drittrangig, wenn sie nicht sogar ganz vergessen sind. Demgegenüber nimmt sie nirgends Notiz von Paula Modersohn-Becker, die wir heute zu den bedeutendsten Persönlichkeiten der Kunst an der Wende zum 20. Jahrhundert rechnen. Es erscheint möglich, daß die Kollwitz erst spät Bilder von ihr sah; andererseits darf man nicht vergessen: Das veröffentlichte Tagebuch setzt erst 1909 ein, während Paula Modersohn-Becker schon 1907 verstorben war. Über eine Begegnung beider Frauen, die vor allem für die Jahre 1900 bis 1906 möglich gewesen wäre, ist nichts bekannt. Gewiß steht Paula Modersohn-Becker an gesellschaftlicher Einsicht und direkter Wirkung auf die Zeit weit hinter Käthe Kollwitz oder, treffender gekennzeichnet: neben ihr, von ihr entfernt. Erscheint das Schaffen beider Frauen auch auf dem ersten Blick nicht vergleichbar, berührt es sich doch gerade in der verbildlichten Menschlichkeit.
Käthe Kollwitz selbst wollte, daß man den schriftlichen Äußerungen keinen zu hohen Wert beimißt. Als Arthur Bonus 1924 während der Arbeit am Buch „Das Käthe Kollwitz-Werk"[25] einige Briefe von ihr verwenden wollte, gab sie zu bedenken: „Setzen Sie alles aus meinen Briefen nur als Anmerkung unten hin, am besten in kleinerem Druck, damit verlieren sie das anmaßend Orakelnde."[26] Die Kollwitz hielt es nicht für wichtig, ihr Anliegen als Künstlerin verbal zu erläutern, sie wollte auch kein theoretisches Gerüst oder gar eine Kunsttheorie neben ihre Arbeit stellen.
Die Sprache im Briefverkehr und den Tagebüchern ist einfach, oft schmucklos; sie steht zwischen knapper Wortwahl, die Sachliches festhält, und gefühlsbetonten Schilderungen. Sie spricht aus, was nötig erscheint, wird jedoch in der Wortwahl, dem Fügen der Sätze und dem Erzählfluß reicher und lebendiger, wenn es um persönliche Dinge geht. Wie in den Bildern scheut sie sich nicht vor Gefühl. Ihr sprachlicher Stil erscheint durch Jahrzehnte hindurch gleichbleibend. Lediglich in den

Altersbriefen und den Notizen des letzten Jahrzehnts bringt sie die beschwörenden Worte knapp, auch flüchtig zu Papier, wird sie in der Schreibweise ungenauer, wirft reduzierte Sätze hin, gleichsam unter Druck und Eile geschrieben. Auch die für eine Veröffentlichung gedachten Zeilen bleiben einfach. Ohne langes stilistisches Feilen sind sie formuliert. Für Käthe Kollwitz war Schreiben Mitteilung und Aufforderung, nicht kunstvoller Umgang mit Sprache. In Briefen ging sie einfühlsam auf den Empfänger ein, berücksichtigte die persönliche Beziehung, die Bereitschaft zum Dialog. Sie gehörte zu denen, die kaum einen Brief unbeantwortet ließen, aber nicht jedem ist das gleiche Maß persönlicher Worte und Einblick in ihr Denken zurückgegeben. Im Tagebuch wandte sie sich dem Ringen mit sich zu. Es sind Werkhefte, nicht Tagebücher jener Art, die auf eine Veröffentlichung hin angelegt wurden. Hier prüft sie nicht jeden Gedanken durch ein disziplinierendes Kalkül, das immer berechnet, was sie zu anderer Zeit gesagt oder geschrieben hat. Ohne Scheu vor Widersprüchen äußert sie ihre Meinung und legt ihre jeweilige Position offen.
Bei aller Bedingtheit und Spontaneität entstand so eine aufregende Darstellung des Lebens und ihrer Zeit, ein getreuer Spiegel ihrer selbst, der neben den Tagebuch- und Briefwerken von Paula Modersohn-Becker, Franz Marc, Paul Klee, Ernst Barlach, Max Beckmann, Oskar Schlemmer, Johannes Karsch, Otto Dix, Kurt Querner oder Hans Grundig als aufschlußreiche Quelle steht.
Der allgemeine Wert und die Kraft der Aufzeichnungen von Käthe Kollwitz beschränkt sich jedoch nicht nur auf den kunstgeschichtlichen Quellencharakter. Indem sie betroffen, erschüttert, mutig, verzweifelt, hoffend und selbstkritisch sich, ihre Umwelt und die Zukunft betrachtet, tritt sie als Beispiel vor uns.

Leipzig, Oktober 1980 Volker Frank

ANMERKUNGEN ZUM NACHWORT

1 Christa Wolf, Die zumutbare Wahrheit (Ingeborg Bachmann, 1966); in: Fortgesetzter Versuch, Aufsätze, Gespräche, Essays, Leipzig 1979, S. 245.
2 Tagebuch November 1922, vergl. S. 55.
3 George Grosz, Situationen, 1924, S. 1.
4 Paul Klee, Jenenser Vortrag, gehalten aus Anlaß einer Bilderausstellung im Kunstverein Jena am 26. Januar 1924; in: Paul Klee, Das bildnerische Denken, Basel/Stuttgart 1964, S. 81—95.
5 Vergleiche S. 34.
6 In: Sozialistische Monatshefte, 23. Jg., 1917, Heft 24, S. 1226—1227; erstmals neuveröffentlicht durch: Elmar Jansen, Keime einer weiterreichenden Entwicklung, Käthe Kollwitz — ein Kommentar zu ihrem 110. Geburtstag; in: Neue Zeit, Nr. 161 vom 9. 7. 1977, S. 4; vergl. S. 32.
7 Klaus Mann, André Gide und die Krise des modernen Denkens, München 1966, S. 7.
8 Tagebuch Silvester 1917, vergl. S. 31.
9 Tagebuch 8. Dezember 1918, vergl. S. 36.
10 Tagebuch November 1933, vergl. S. 75.
11 Dieses Berliner Plakat, das Anfang Februar 1933 an Berliner Anschlagsäulen erschien, war der Anlaß zum Ausschluß von Käthe Kollwitz und Heinrich Mann aus der Preußischen Akademie der Künste. Vergl. S. 71.
12 Brief vom 20. März 1889, in: Marx/Engels Werke, Bd. 37, Berlin 1974, S. 187.
13 Tagebuch März 1926, vergl. S. 64.
14 Brief vom 18. Juni 1932, in: Otto Nagel, Käthe Kollwitz, Dresden 1971, S. 70.
15 Tagebuch 15. Juni 1932, vergl. S. 68 und Anm. 38 S. 99.
16 Heute befinden sich die Figuren auf dem Soldatenfriedhof Vladsloo-Praedbosch in Belgien.
17 Tagebuch November 1922, vergl. S. 55.
18 Tagebuch 21. März 1922, vergl. S. 54.
19 Tagebuch November 1922, vergl. S. 55.
20 Tagebuch 25. Juni 1920, vergl. S. 47.
21 Die Ermordung von Karl Liebknecht und Rosa Luxemburg am 15. Januar 1919 erschütterte sie (vergl. Tagebuch vom 16. Januar 1919 und 25. Januar 1919, S. 38). Ein mit der Familie Liebknecht

und der Familie Kollwitz befreundeter Pianist übermittelte den Wunsch der Hinterbliebenen Liebknechts, daß sie den Ermordeten zeichnen solle. Die gezeichneten Porträts nach dem aufgebahrten Karl Liebknecht bilden den Ausgangspunkt für die mehrjährige Beschäftigung mit dem Thema. Es sind vier Zeichnungen erhalten: NT 766—771, davon wurden NT 769 und 771 als Arbeiten auf der Grundlage von Studien im Atelier gezeichnet. Vergl. dazu: Harri Nündel, Zu zwei Zeichnungen von Käthe Kollwitz im Museum der Bildenden Künste Leipzig, in: Erbe und Gegenwart, Festschrift für Prof. Dr. Johannes Jahn zum 70. Geburtstag, Sonderdruck der Wissenschaftlichen Zeitschrift der Karl-Marx-Universität Leipzig, Gesellschafts- und sprachwissenschaftliche Reihe, H. 2, 1963, S. 337—342; dort weiterführende Literaturhinweise.
Zwei Tage nach der Beisetzung Liebknechts am 25. Januar 1919 wird Käthe Kollwitz von Robert Liebknecht, dem Sohn des Ermordeten aufgesucht. Sie gibt ihm eine der Zeichnungen für seine Mutter mit, vergl. Tagebuch vom 27. Januar 1919, S. 39. Im März 1919 arbeitet sie einen radierten Versuch zu einem Liebknechtblatt (Fragment, Kl 137), im März lithografiert sie eine Fassung des Blattes (Kl 138), danach beginnt sie den Holzschnitt „Die Lebenden dem Toten — Erinnerung an den 15. Januar 1919" (Kl 139, erst 1920 vollendet). Später stellte sie eine größere Zahl von Drucken zum Verkauf in Arbeiterversammlungen zur Verfügung. Dadurch wird die „Arbeiterkunstausstellung 1920" mitfinanziert. Noch 1928 druckte sie vom inzwischen zerbrochenen Holzstock, sie widmet einen Abzug vom Mittelteil (Mutter mit Kind, nicht von Klipstein verzeichnet) der befreundeten Dichterin Adele Gerhard.

22 Tagebuch November 1913, vergl. S. 19.

23 Peter H. Feist, Die Bedeutung der Arbeiterklasse für den Realismus der Käthe Kollwitz, in: Künstler, Kunstwerk und Gesellschaft (= Fundus-Bücher, Bd. 51/52), Dresden 1978, S. 206, vergl. S. 49.

24 Die Ansprache von Käthe Kollwitz ist nur durch eine Veröffentlichung des Architekten Ludwig Hilberseimer in einem Max-Klinger-Gedenkartikel überliefert, in: Sozialistische Monatshefte, 26., 1920, Heft 20/21, S. 911—912. Der Text von Käthe Kollwitz wird in der vorliegenden Auswahl erstmals wieder im vollen Wortlaut veröffentlicht. Siehe auch: Volker Frank, Max Klinger — Widersprüche, Wirkungen, Wertungen, Gedanken zum 60. Todestag des Künstlers, in: Bildende Kunst, 1980, Heft 8, S. 405—408.

25 Arthur Bonus, Das Käthe-Kollwitz-Werk, Dresden 1925.

26 Zitiert nach: Beate Bonus-Jeep, Sechzig Jahre Freundschaft mit Käthe Kollwitz, Berlin 1967, S. 181.
In der Vorbereitung des Buches hatte sich zwischen Arthur Bonus und Käthe Kollwitz ein Briefwechsel entwickelt. Er stellte einen Brief der Kollwitz von Ostern 1924 seinem Buch voran (vergl. S. 59).

Ein Teil des Briefwechsels ist verloren, einiges veröffentlichte später Beate Bonus-Jeep. Zur Konzeption seines Kollwitz-Buches schrieb Arthur Bonus: „Im Jahre 1907 kam mir bei der Betrachtung der bis dahin erschienenen Arbeiten der Käthe Kollwitz der starke Eindruck, daß es sich hier um religiöse Kunst handle, obwohl kein einziges der überlieferten Elemente religiöser Formensprache auftrat," (Das Käthe-Kollwitz-Werk, S. 5). Die Kollwitz-Betrachtung von Arthur Bonus ist durch seine religiöse Weltanschauung bedingt und deutet ihre Arbeiten frei. Das Buch trug jedoch wesentlich zur Popularisierung der Künstlerin während der zweiten Hälfte der zwanziger Jahre bei.

BIOGRAPHISCHE ÜBERSICHT

Käthe Schmidt wurde am 8. Juli 1867 in Königsberg (Kaliningrad) geboren.
Im Sommer des Jahres 1876 lernte sie durch den Bruder Konrad ihren späteren Mann, Karl Kollwitz, kennen. Konrad Schmidt und Karl Kollwitz hatten bereits als Schüler Kontakte zur Sozialdemokratie.
Ab 1882 erhielt Käthe Schmidt Zeichenunterricht beim Königsberger Kupferstecher Rudolf Mauer.
1884 starb der Großvater Julius Rupp, der auf Käthe und Konrad einen nachhaltigen Einfluß ausübte.
1885 nahm sie das Studium an der Künstlerinnenschule in Berlin bei Karl Stauffer-Bern auf.
1885 kehrte sie nach Königsberg zurück und nahm Privatunterricht beim Genremaler Emil Neide. Sie verlobte sich mit Karl Kollwitz.
Konrad Schmidt hielt sich 1887 drei Monate in London auf, ein enger Kontakt zu Friedrich Engels entwickelte sich. In Königsberg erlebte Käthe Schmidt eine polizeiliche Haussuchung, die den sozialdemokratischen Aktivitäten ihres Bruders galt.
1888 begann sie ein Studium an der Münchner Künstlerinnenschule, ihr Lehrer war Ludwig Herterich. Sie las August Bebel und Émile Zola. Bekanntschaft mit Otto Greiner. Sie beteiligte sich an einer Wanderausstellung in Ostpreußen, erster Verkauf eines Bildes von ihr. Erste Italienreise Ostern 1888, gemeinsam mit Beate Jeep.
Sie wurde 1889 Mitglied des Münchner Radiervereins. 1890 arbeitete sie ihre ersten Radierungen. Sie kehrte nach Königsberg zurück, Fortsetzung des Unterrichts bei Rudolf Mauer, durch den sie ihre Kenntnisse in der Radiertechnik vertiefen konnte. Konrad Schmidt wurde von Engels nach London eingeladen.
Im Jahre 1891 heiratete sie Dr. Karl Kollwitz, Übersiedlung nach Berlin.
1892 Zurückweisung eingereichter Arbeiten von einer Berliner Ausstellung, sie beteiligte sich daraufhin an der „Schau der Zurückgewiesenen".
Am 14. Mai 1892 Geburt ihres ersten Sohnes Hans.
Am 26. Februar 1893 erlebte sie die Uraufführung von Hauptmanns „Die Weber". Julius Elias machte als erster Kritiker auf sie aufmerksam.
Am 6. Februar 1896 wurde ihr zweiter Sohn Peter geboren.

Tod des Vaters Karl Schmidt am 29. März 1898. Erste Lithografie. Ihre Folge „Ein Weberaufstand" wurde in der Großen Berliner Kunstausstellung gezeigt. Adolf Menzel schlug sie für die Kleine Goldmedaille vor. Der deutsche Kaiser lehnte ab: „Ich will keine Rinnsteinkunst!" Max Lehrs erwarb für das Dresdner Kupferstichkabinett die Folge, damit begann die systematische Sammlung ihrer Arbeiten durch deutsche Museen. Sie wurde Mitglied der Berliner Sezession und nahm ein Lehramt an der Berliner Künstlerinnenschule auf. Durch Max Lehrs wurde das erste Werkverzeichnis der Grafik veröffentlicht.
Von der Verbindung für historische Kunst erhielt sie 1904 den Auftrag zum Bauernkriegs-Zyklus. Heinrich Braun lud sie zu einem kurzen Besuch nach Paris ein. Bei einem zweiten Aufenthalt in Paris im gleichen Jahr arbeitete sie in der Plastikklasse der Akademie Julian. Sie besuchte Rodin und Steinlen.
Im Jahr 1907 erhielt sie den Villa-Romana-Preis für den Bauernkriegs-Zyklus; längerer Aufenthalt in Florenz, Fußwanderung von Florenz nach Rom.
Im August 1909 wurde in Königsberg ein Julius-Rupp-Denkmal errichtet. Ihre Schwester Lisbeth Stern beginnt die Tätigkeit als Kunstkritikerin an den „Sozialistischen Monatsheften".
Gegen Ende des Jahres 1910 vollendete Käthe Kollwitz ihre erste selbständige plastische Arbeit. Hans Kollwitz begann das Medizinstudium.
Ihr Sohn Peter nahm 1912 ein Studium an der Kunstgewerbeschule Berlin auf.
Im Jahre 1913 gründete Käthe Kollwitz den „Frauenkunstverband" neu.
Am 1. August 1914 erlebte sie mit ihrem Mann die Mobilmachung in Königsberg. Peter Kollwitz fällt in der Nacht vom 22. zum 23. Oktober bei Dixmuiden/Flandern.
1915 beschäftigte sie sich intensiv mit plastischen Versuchen und stellte 1916 erstmals eine plastische Arbeit aus.
Aus Anlaß ihres 50. Geburtstages eröffnete die Berliner Sezession am 16. April 1917 eine umfassende Ausstellung. Im August 1917 stellte sie erstmals in ihrer Geburtsstadt aus.
Im „Vorwärts" vom 30. Oktober 1918 wendete sie sich mit einem offenen Brief gegen Dehmel, der zur totalen Mobilisierung aufrief. Im gleichen Monat besuchte sie eine Frontsoldatenversammlung, auf der Karl Liebknecht sprach.
Am 15. Januar 1919 ging sie erstmals zur Wahl, sie wählte die USPD. Am 24. Januar wurde sie zum Mitglied der Preußischen Akademie der Künste berufen. Sie erhielt den Professorentitel. Beginn der Arbeit im Holzschnitt. Dr. Karl Kollwitz wurde Stadtverordneter. Während der folgenden Jahre intensive Arbeit an Holzschnittzyklen, in zahlreichen Plakaten nahm sie zu politischen und sozialen Fragen Stellung.

Sie beteiligte sich 1924 an der I. Allgemeinen Kunstausstellung in der Sowjetunion.
Im April 1925 unternahm sie mit ihrem Gatten eine Schiffsreise nach den Kanarischen Inseln und Madeira. Auf der Rückreise Aufenthalt für einige Tage in Spanien. Ihre Mutter, Katharina Schmidt, und die Schwägerin, Anna Schmidt, starben; Konrad Schmidt zog zu Käthe Kollwitz.
Zu ihrem 60. Geburtstag am 8. Juli 1927 gratulierten ihr namhafte Vertreter des In- und Auslandes; u. a. erhielt sie Glückwünsche von Elsa Brandström, Mahatma Ghandi, Rabindranath Tagore. Vertreter der Assoziation Revolutionärer Künstler Rußlands (AChRR) überbrachten ihr eine Einladung zur Teilnahme an den Feierlichkeiten aus Anlaß des 10. Jahrestages der Oktoberrevolution. Im November reisten Käthe und Karl Kollwitz in die UdSSR. Im Frühjahr 1928 wurde ihr ein Meisteratelier für Grafik an der Preußischen Akademie der Künste übertragen.
Im Mai 1929 erhielt sie den Orden pour le mérite der Friedensklasse für Wissenschaften und Künste. Gemeinsam arbeitete sie mit Heinrich Zille, Hans Baluschek und Otto Nagel am Film „Mutter Krausens Fahrt ins Glück".
1931 stellte sie die vollendeten Figuren für das Mahnmal in Roggevelde in einer Akademie-Ausstellung aus. Zwischen dem 9. und 15. Oktober nahm sie an der Frauenkonferenz des 8. Weltkongresses der Internationalen Arbeiterhilfe teil.
Aus Anlaß ihres 65. Geburtstages wurde 1932 in Moskau und Leningrad eine umfassende Werkausstellung gezeigt.
Im Februar 1933 wurde auf Grund ihrer Unterschrift unter den „Dringenden Appell" ihr Austritt aus der Preußischen Akademie verlangt, sie nahm ihre Tätigkeit jedoch bis zum 30. September wahr. Ende März und Anfang April fuhren Käthe und Karl Kollwitz mit der Familie des Psychologen Max Wertheimer nach Marienbad (Mariánské Lázně), sie entschlossen sich jedoch, nicht zu emigrieren.
Im Juli 1936 wurde sie zweimal von der Gestapo verhört, es wurde ihr mit der Einlieferung in ein Konzentrationslager gedroht. Von nun an trugen Käthe und Karl Kollwitz ständig ein schnell wirkendes Gift bei sich. Mehrere Ausstellungen und Ausstellungsbeteiligungen wurden ihr unmöglich gemacht.
In der Aktion „Entartete Kunst" 1937 entfernten die Nationalsozialisten aus den Museen Darmstadt, Düsseldorf, Essen, Hamburg, Nürnberg u. a. ihre Arbeiten. Im Juni eröffnete Ernst Toller eine Kollwitz-Ausstellung in Los Angeles.
Am 18. Juli 1940 starb Dr. Karl Kollwitz. Im Dezember 1942 schuf sie ihre letzte Lithografie „Saatfrüchte sollen nicht vermahlen werden" (Kl 267).
Am 3. August 1943 übersiedelte Käthe Kollwitz nach Nordhausen.

Die junge Bildhauerin Margarete Böning hatte sie eingeladen, um ihr Schutz vor den Bombenangriffen auf Berlin zu bieten. Am 23. November wurde ihre Berliner Wohnung bei einem Bombenangriff zerstört. Im Juli 1944 nahm Käthe Kollwitz eine Einladung von Ernst Heinrich, Prinz von Sachsen, an, da das von Luftangriffen zunehmend gefährdete Nordhausen kaum noch Schutz bot. Sie ging am 20. Juli nach Moritzburg bei Dresden.
Das Leben von Käthe Kollwitz endete am 22. April 1945. Ihr Leichnam wurde auf dem Friedhof in Moritzburg provisorisch beigesetzt, später exhumiert und eingeäschert und in das Familiengrab nach Berlin-Friedrichsfelde übergeführt.

LITERATURHINWEISE

Quellenschriften und Erinnerungen

Hans Kollwitz (Hrsg.), Käthe Kollwitz, Tagebuchblätter und Briefe. Berlin 1948.
Hans Kollwitz (Hrsg.) und *Friedrich Ahlers-Hestermann* (Einl.), Käthe Kollwitz, Ich will wirken in dieser Zeit. Auswahl aus den Tagebüchern und Briefen, aus Grafik, Zeichnungen und Plastik. Berlin 1952.
Horst Wandrey (Hrsg.) und *Bodo Uhse* (Geleitw.), Käthe Kollwitz, Aus Tagebüchern und Briefen. Berlin 1959, 21964.
Käthe Kollwitz, Briefe der Freundschaft und Begegnungen. München 1966.
Hans Kollwitz (Hrsg.), Ich sah die Welt mit liebevollen Blicken, Käthe Kollwitz, Ein Leben in Selbstzeugnissen. Hannover 1968, 21970, 31980.
Beate Bonus-Jeep, Sechzig Jahre Freundschaft mit Käthe Kollwitz. Bremen 1963, Berlin 1967.
Lenka von Koerber, Erlebtes mit Käthe Kollwitz. Berlin 1957, 21961.
Heinz Lüdecke, Käthe Kollwitz und die Akademie. Berlin 1967.
Варвара В. Турова, Кэте Кольвиц, Дневники, Письма, Воспоминания, современиков. Москва 1980.

Werkverzeichnisse und Œuvredarstellungen

August Klipstein, Käthe Kollwitz, Verzeichnis des grafischen Werkes für die Jahre 1890—1912 unter Verwendung des 1913 erschienenen Œuvrekataloges von Prof. Dr. *Johannes Sievers*. Bern/New York 1955.
Fritz Schmalenbach, Hans Kollwitz (Hrsg.) und *Leopold Reidemeister* (Vorw.), Käthe Kollwitz, Das plastische Werk. Hamburg 1967.
Käthe Kollwitz, Die Handzeichnungen, herausgegeben von *Otto Nagel*, unter Mitarbeit von *Sibylle Schallenberg-Nagel*, Beratung *Hans Kollwitz*, wissenschaftliche Bearbeitung *Werner Timm*, Berlin 1972, 21980.

Monographien, Aufsätze und Mappenwerke

Julius Elias, Die Freie Berliner Kunstausstellung; in: Die Nation, 10. Jg., 29. 7. 1893, S. 673.

Max Lebrs, Käthe Kollwitz; in: Die graphischen Künste, XXVI. Wien 1903, S. 55—67.
Fritz Boettger, Käthe Kollwitz, 24 Zeichnungen in originalgetreuen Wiedergaben. Dresden 1920.
Alfred Kuhn, Käthe Kollwitz. Berlin 1921.
Ludwig Kaemmerer, Käthe Kollwitz. Griffelkunst und Weltanschauung. Dresden 1923.
Gerhard Hauptmann (Hrsg.), Abschied und Tod, Acht Zeichnungen von Käthe Kollwitz. Berlin 1924.
Arthur Bonus, Das Käthe-Kollwitz-Werk. Dresden 1925, 1927, 1930.
Wilhelm Worringer, Käthe Kollwitz. Königsberg 1929.
Adolf Heilborn, Käthe Kollwitz, Die Zeichner des Volkes I. Berlin 1929, ^{4}1949.
Carl Georg Heise, Käthe Kollwitz, Einundzwanzig Zeichnungen der späten Jahre. Berlin 1948.
Fritz Schmalenbach, Käthe Kollwitz, Dreiundachtzig Wiedergaben. Bern 1948, Zürich 1949.
Gerhard Strauß, Käthe Kollwitz. Dresden 1950.
Fritz Schmalenbach, Käthe Kollwitz, Einführung in Werk und Leben; in: Neue Studien über Malerei des 19. und 20. Jahrhunderts. Bern 1955, S. 22—39.
Herbert Bittner, Kaethe Kollwitz, Drawings. New York/London 1959, ^{4}1964.
Otto Nagel, Käthe Kollwitz. Dresden 1963, ^{2}1971.
Harri Nündel, Käthe Kollwitz. Leipzig 1964, ^{2}1975.
Otto Nagel, Die Selbstbildnisse der Käthe Kollwitz. Berlin 1965.
Софья А. Пророкова, Кэте Кольвиц. Москва 1967.
Werner Timm, Käthe Kollwitz. Berlin 1974, ^{2}1980.
Harri Nündel, Käthe Kollwitz. Blätter über den Bauernkrieg. Leipzig 1975.
Martha Kearns, Käthe Kollwitz, Woman and artist, New York 1976.
Rolf Barthel, Zwischenspiel auf Bischofstein, Käthe Kollwitz, das Eichsfeld und Nordhausen. Heiligenstadt ^{2}1977.
Catherine Cramer, Käthe Kollwitz. Reinbeck b. Hamburg 1981 (= rororo Bildmonographien).

QUELLENNACHWEISE DER TEXTE

Im allgemeinen wurden die Tagebuchstellen und Briefe, die Teile von „Rückblick auf frühere Zeit" (1941) und „Erinnerungen" (1923) ausgewählt aus: Käthe Kollwitz, Ich sah die Welt mit liebevollen Blicken (Hrsg. Hans Kollwitz). Hannover 1968.

Davon ausgenommen:

Brief an Hans Kollwitz vom 22. April 1917 aus: Käthe Kollwitz, Ich will wirken in dieser Zeit (Hrsg. Hans Kollwitz). Berlin Gebr. Mann-Verlag, 1952, S. 71.

Tagebucheintrag 16. März 1919 ebenda, S. 83.

Brief an Sella Hasse von 1916, 17. Sept. 1919, 23. Sept. 1927.

Brief an Schmidthagen, 8. Dezember 1943 aus: Käthe Kollwitz, Tagebuchblätter und Briefe (Hrsg. Hans Kollwitz). Berlin Gebr. Mann-Verlag, 1948, S. 128.

Brief aus Nordhausen, 17. Februar 1944 ebenda, S. 161.

Brief an Ottilie Kollwitz, 21. Februar 1944 ebenda, S. 129 f.

Nachruf auf Max Klinger, 8. Juli 1920 aus: Sozialistische Monatshefte, 26., 1920, H. 20/21, S. 911 f.

Brief an Beate Bonus-Jeep und Arthur Bonus aus: Beate Bonus-Jeep, Sechzig Jahre Freundschaft mit Käthe Kollwitz. Henschel-Verlag Berlin, 1967 (Lizenz Carl Schünemann Verlag Bremen); Brief 1923, S. 110 f.; Brief an Arthur Bonus, 1924, S. 181; Brief 1931, S. 167; Brief 1932, S. 227; Brief 1933, S. 216 f.; Brief an Unbekannt, 1944, S. 252—254.

Briefe an Otto Nagel, Dezember 1924 aus: Diether Schmidt, Manifeste Manifeste 1905—1933; Fundus-Reihe Bd. 15—17; Dresden, S. 334 f.

Aufruf zur Fürstenenteignung ebenda, S. 367.

Erklärung von Pechstein und Käthe Kollwitz ebenda, S. 372.

Dringender Appell 1933 aus: Diether Schmidt, In letzter Stunde, 1933—1945, Fundus-Reihe Bd. 10/11; Dresden 1964, S. 27.

Brief an Max Lingner, 27. Februar 1927 Lingner-Archiv, Akademie der Künste der DDR.

Käthe Kollwitz zum 10. Jahrestag der SU Die Arbeiter-Illustrierte Zeitung, VI. Jg., Nr. 43, 26. 10. 1927.

Brief an Maxim Gorki, 1928 aus: Dezennium 2, Zwanzig Jahre VEB Verlag der Kunst Dresden 1972, S. 145.

BILDNACHWEIS

Verlagsarchiv: 15, 21—24
Herausgeber: 2
Museum der Bildenden Künste Leipzig: 1, 3, 10, 27, 45—47, 60—62
Staatliche Galerie Moritzburg Halle: 5
Akademie der Künste der DDR: 48, 49
alle anderen Fotos Deutsche Fotothek Dresden